Vorwort

Als "Grammatik" versucht dieses Buch zu beschreiben, wie die Wörter der englischen Sprache "richtig" gebraucht werden, das heißt, wie sie so zu Sätzen verbunden werden, daß die vom Sprecher oder Schreiber beabsichtigte "Mitteilung" entsprechend den Konventionen der Sprache zustande kommt.

"Richtig" ist in diesem Zusammenhang ein dehnbarer Begriff. Was auf der Laderampe im Hafen "richtiger" Sprachgebrauch ist, wäre im Schriftsatz des Juristen alles andere als "richtig". Und umgekehrt!

Als "richtig" gilt in dieser Grammatik der Alltagssprachgebrauch "gebildeter" Menschen in den englischsprachigen Ländern. Dieses "Alltagsenglisch" umfaßt sowohl die gesprochene als auch die geschriebene Sprache. Deshalb berücksichtigt die vorliegende Grammatik die Sprache des privaten Umgangs, des Büros, des Rundfunks und des Fernsehens ebenso wie die Sprache der Zeitungen, Zeitschriften, Unterhaltungsbücher, Werbeschriften und Geschäftsbriefe.

Wollte man die Gesamtheit der zu beobachtenden sprachlichen Erscheinungen vollständig erfassen, so würde ein sehr umfangreiches und für Lern- und Nachschlagezwecke ungeeignetes Werk entstehen. Hier handelt es sich um eine "Mindestgrammatik", ein Buch also, das jenes Mindestmaß an grammatischer Information bietet, welches ein Lernender oder Nachschlagender mit mittleren Englischkenntnissen benötigt und erwartet.

Bei der Auswahl des Stoffes wurde von den Informationsbedürfnissen des mutmaßlichen Benutzers ausgegangen: Dieser ist kein Anfänger, denn Anfängern ist zunächst mit dem Grammatikteil des Lehrbuches mehr gedient als mit einer separaten systematischen Grammatik. Er ist auch kein perfekter "Englischkönner", denn dieser bedarf der grammatischen Bewußtmachung nicht mehr. Er ist vielmehr jemand, der in der Mittelphase des Spracherwerbs steht, jenem langen Lernabschnitt, in dem zwar die Grundregeln in groben Zügen bekannt sind, die Feinheiten wirkungsvollen Sprachgebrauchs aber noch nicht gemeistert sind. In diesem mittleren Stadium hilft dem Lernenden die systematische Überschau, die ihm das gedankliche Einordnen der im Lehrbuch in vorsichtiger Dosierung gebotenen sprachlichen Erscheinungen erleichtert. Auf dieser Stufe werden auch die elementaren Patentregeln des ersten Lernabschnitts modifiziert und differenziert. Das Bild der Sprache wird komplexer, die Ausnahmen zu den Regeln gewinnen an Bedeutung, bereits Gelerntes wird teilweise vergessen und muß aufgefrischt werden.

Dieser Situation versucht die *Englische Mindestgrammatik* gerecht zu werden, indem sie all das wegläßt, was niemand suchen wird, dafür aber das besonders ausführlich und nachdrücklich darstellt, was erfahrungsgemäß wichtig ist und Schwierigkeiten macht.

Bei der Fernsehübertragung eines Fußballspiels beschränkt sich der Reporter in der Regel auf eine Kommentierung der Dinge, die dem das Spiel am Bildschirm verfolgenden Betrachter vielleicht nicht auf Anhieb verständlich sind. Ähnlich wurde bei der Darstellung der sprachlichen Tatbestände in dieser Mindestgrammatik verfahren: Größte Sorgfalt wurde auf die Auswahl der englischen Belege verwendet. Wo die Beispiele die Gesetzmäßigkeit ohne weiteres erkennen lassen, wurde auf einen erklärenden Text verzichtet. War ein ergänzender Kommentar geeignet, zusätzliche Einsichten zu vermitteln, wurde er gegeben.

Wie bei der Reportage eines Fußballspiels läßt sich auch bei der Beschreibung grammatischer Sachverhalte der Gebrauch von Fachausdrücken nicht ganz vermeiden. Den Benutzer der Grammatik werden diese Fremdwörter kaum von der wesentlichen Information ablenken. So wie der Nicht-Fußballfachmann am Fernsehschirm in der Regel schnell hinter die Bedeutung von Wörtern wie *Foul* und *Libero* kommt, wird auch der Grammatikbenutzer aus der Fülle aussagekräftiger Beispiele recht bald den Sinn solcher Bezeichnungen wie *Präteritum* und *Relativpronomen* erschließen können. Das Verzeichnis der in diesem Buch verwendeten grammatischen Fachausdrücke auf den Innenseiten des Umschlags wird hier die Orientierung erleichtern.

Der in dieser Grammatik gebotene Stoff ist in 11 Hauptkapitel gegliedert: 1. Das Substantiv, 2. Die Artikel, 3. Das Adjektiv, 4. Das Adverb, 5. Die Pronomen, 6. Das Verb, 7. Die Stellung der Satzglieder, 8. ABC der Konjunktionen, 9. ABC schwieriger präpositionaler Ausdrücke, 10. ABC der unregelmäßigen Verben, 11. ABC einzelner Sprachgebrauchsprobleme. Das Inhaltsverzeichnis macht deutlich, in welcher Weise das Material innerhalb der einzelnen Hauptkapitel geordnet ist. Das ausführliche Register auf den Seiten 157–176 ermöglicht ein schnelles Auffinden jeder gewünschten Einzelinformation.

Verzeichnis der Abkürzungen und Zeichen

Brit. bedeutet: vorwiegend im britischen Sprachgebrauch üblich.
U.S. bedeutet: vorwiegend im amerikanischen Sprachgebrauch üblich.

Ein **Schrägstrich** / trennt alternative Wörter oder Konstruktionen.
Wo die Bedeutung des **Sternchens** * nicht besonders erklärt ist, kennzeichnet es falsche bzw. unübliche Konstruktionen (vgl. S. 86 und S. 88).
Auf Seite 76 bezeichnet das **Sternchen** * Verben, bei denen die Passivkonstruktion mit nachfolgendem *to*-Infinitiv sehr gebräuchlich ist.
Auf den Seiten 131–133 bezeichnet das **Sternchen** * unregelmäßige Verbformen, zu denen eine gebräuchliche regelmäßige Variante existiert.

Hans G. Hoffmann

Englische Mindest grammatik

Struktur und Gebrauch
des heutigen Englisch

Max Hueber Verlag

Hans G. Hoffmann
ENGLISCHE MINDESTGRAMMATIK
Struktur und Gebrauch des heutigen Englisch

Mithilfe bei der Korpusanalyse und Belegarchivierung: Brigitte Hoffmann
Sprachliche Beratung: Hilary Heltay
Verlagsredaktion: Gernot Häublein
Umschlagentwurf und Layout: Karl Schaumann

Zu dieser Grammatik ist ein Übungsbuch erschienen:
Hans G. Hoffmann
ENGLISCHE SPRACHGEBRAUCHSÜBUNGEN
Wiederholung von Grammatik und Idiomatik · Ein systematisches Arbeitsbuch
100 Seiten, kartoniert – Hueber-Nr. 2178

10. 9. 8. | Die letzten Ziffern
2002 2001 2000 1999 98 | bezeichnen Zahl und Jahr des Druckes.
Alle Drucke dieser Auflage können, da unverändert,
nebeneinander benutzt werden.
4. Auflage 1978
© 1973 Max Hueber Verlag, D-85737 Ismaning
Gesamtherstellung: Ludwig Auer GmbH, Donauwörth
Printed in Germany
ISBN 3–19–002155–4

Inhaltsverzeichnis

1. Das Substantiv

1.1. Numerus

1.1.1. Die Pluralform

1.1.1.1. Pluralbildung mit -s

one car – several cars	one book – several books
one dog – several dogs	one shop – several shops

Der Plural des Substantivs wird in der Regel mit -*s* gebildet.

Aussprache der -s-Endung

arms [ɑ:mz]	miles [mailz]
chairs [tʃɛəz]	pounds [paundz]

Das Plural-*s* wird bei den meisten Substantiven [z] gesprochen.

dates [deits]	books [buks]	maps [mæps]

Bei Substantiven, die im Singular auf [t], [k] oder [p] auslauten, wird das Plural-*s* [s] gesprochen.

beliefs [bi'li:fs]	handkerchiefs ['hæŋkətʃifs]	proofs [pru:fs]
chiefs [tʃi:fs]	paragraphs ['pærəgrɑ:fs]	roofs [ru:fs]
coughs [kɔfs]	photographs ['fəutəgrɑ:fs]	safes [seifs]

Bei Substantiven, die im Singular auf [f] auslauten, wird das Plural-*s* [s] gesprochen.

Einige der auf [f] auslautenden Substantive haben allerdings eine unregelmäßige Pluralform -*ves* [vz]:

half – halves [hɑ:vz]	life – lives [laivz]	thief – thieves [θi:vz]
knife – knives [naivz]	self – selves [selvz]	wife – wives [waivz]
leaf – leaves [li:vz]	shelf – shelves [ʃelvz]	

births [bə:θs]	depths [depθs]	baths [bɑːðz]
breaths [breθs]	lengths [leŋθs]	mouths [mauðz]
cloths [klɔθs]	months [mʌnθs]	paths [pɑːðz]
deaths [deθs]	widths [witθs]	youths [ju:ðz]
[s]	[s]	[z]

Bei Substantiven, die im Singular auf [θ] auslauten, wird das Plural-*s* teils [s], teils [z] gesprochen.

1.1.1.2. Plurale auf -es

Zischlaut ohne stummes -e	Zischlaut mit stummem -e
bus – buses ['bʌsiz]	horse – horses ['hɔːsiz]
dish – dishes ['diʃiz]	size – sizes ['saiziz]
church – churches ['tʃəːtʃiz]	page – pages ['peidʒiz]

Nach Zischlauten ([s], [z], [ʃ], [ʒ], [tʃ], [dʒ]) wird die Pluralform durch Anhängen von [iz] hörbar gemacht.

1.1.1.3. Pluralbildung bei Wörtern auf -y

army – armies	day – days
baby – babies	journey – journeys
city – cities	key – keys
copy – copies	boy – boys
factory – factories	guy – guys

Substantive auf -*y* haben im Plural -*ies*, wenn dem -*y* nicht ein -*a*-, -*e*-, -*o*- oder -*u*- vorausgeht.

1.1.1.4. Pluralbildung bei Wörtern auf -o

kilo – kilos	cargo – cargoes
memo – memos	hero – heroes
photo – photos	Negro – Negroes
piano – pianos	potato – potatoes
radio – radios	tomato – tomatoes

Bei Substantiven, die im Singular auf -*o* auslauten, wird die Pluralendung teils -*s*, teils -*es* geschrieben.

1.1.1.5. Unregelmäßige Plurale

one **child** [tʃaild] – two **children** [ˈtʃildrən] (*ebenso* grandchild)
one **foot** [fut] – two **feet** [fiːt]
one **gentleman** [ˈdʒentlmən] – two **gentlemen** [ˈdʒentlmən]
(*ebenso* Englishman, policeman, postman, salesman *usw.*)
one **house** [haus] – two **houses** [ˈhauziz]
one **man** [mæn] – two **men** [men]
one **mouse** [maus] – two **mice** [mais]
one **penny** [ˈpeni] – fifty **pence** [pens]
(pence *in bezug auf Geldbeträge*; pennies *in bezug auf einzelne Penny-Stücke*)
tooth [tuːθ] – **teeth** [tiːθ]
woman [ˈwumən] – **women** [ˈwimin]

1.1.1.6. Singular und Plural mit gleicher Form

this **aircraft** is ...	these **aircraft** are ...
this **fish** is ...	these **fish** are ...
this **sheep** is ...	these **sheep** are ...
this **gasworks** is ...	these **gasworks** are ...
this **headquarters** is ...	these **headquarters** are ...
this **means** is ...	these **means** are ...

1.1.2. Gebrauch der Singular- und Pluralform

1.1.2.1. Englische Singulare, die deutschen Pluralen entsprechen

your **advice** is ...	= deine Ratschläge sind ...
the **furniture** is ...	= die Möbel sind ...
this **information** is ...	= diese Informationen sind ...
his **knowledge** is ...	= seine Kenntnisse sind ...
this **progress** is ...	= diese Fortschritte sind ...

Diese englischen Substantive sind unzählbar, d. h., sie können nicht in den Plural gesetzt oder (außer *knowledge*) mit dem unbestimmten Artikel *a(n)* gebraucht werden.

Einige dieser Begriffe können allerdings durch Zusätze zählbar gemacht werden:
a piece of advice = ein Ratschlag
a piece of furniture = ein Möbelstück
a useful piece of information = eine nützliche Information
an interesting bit of information = eine interessante Information
some pieces of advice = einige Ratschläge
some pieces of furniture = einige Möbelstücke
some useful pieces of information = einige nützliche Informationen
some interesting bits of information = einige interessante Informationen

1.1.2.2. Englische Plurale, die deutschen Singularen entsprechen

the **ashes** are . . .	= die Asche ist . . .
his **clothes** are . . .	= seine Kleidung ist . . .
the **contents** are . . .	= der Inhalt ist . . .
the **customs** are . . .	= die Zollbehörde ist . . .
my **glasses** are . . .	= meine Brille ist . . .
the **goods** are . . .	= die Ware ist . . .
his **politics** are moderate	= seine Politik ist gemäßigt
these **riches** are . . .	= dieser Reichtum ist . . .
your **shorts** are . . .	= deine (kurze) Hose ist . . .
the **stairs** are . . .	= die Treppe ist . . .
our **thanks** are due to . . .	= unser Dank gebührt . . .
his **trousers** are . . .	= seine Hose ist . . .

Glasses, shorts und *trousers* werden durch den Zusatz *a pair of / pairs of* zählbar gemacht:
a pair of glasses = eine Brille
three pairs of shorts = drei (kurze) Hosen
one pair of trousers = eine Hose

1.1.2.3. Dozen, hundred, thousand, million

Singular	Plural
three **dozen** eggs	**dozens** of eggs
five **hundred** bottles	**hundreds** of bottles
two **thousand** books	**thousands** of books
five **million** people	**millions** of people

1.1.2.4. Adjektive aus Grundzahl + Singular

a ten-**day** strike	the strike lasted ten **days**
a two-**month** tour	the tour took two **months**
a ten-**year**-old boy	the boy is ten **years** old
a three-**point** plan	the plan consists of three **points**
a five-**pound** note	he gave me five **pounds**

1.1.3. Numerus der abhängigen Satzglieder

1.1.3.1. Endungslose Wörter mit Pluralkonstruktion

The **people** here **are** friendly and generous.
The **police are** investigating the matter.

1.1.3.2. -s-Wörter mit Singularkonstruktion

> The **news itself is** not bad.
> The **Netherlands is** a member of the United Nations.
> The **United Nations was** formed in 1945.
> The **United States has** to look after **its** own interests.

News wird immer, *Netherlands*, *United Nations* und *United States* werden meistens als Singular konstruiert.

1.1.3.3. Geldbeträge, Zeit-, Maß- und Gewichtsangaben

> Five dollars **is** too much for me to pay. (*Aber:* Millions of pounds **were** spent.)
> Three years **is** a long time. (*Aber:* Many years **have** passed.)
> Ten miles **is** a very long distance.
> Five gallons **is** not enough.

Geldbeträge, Zeit-, Maß- und Gewichtsangaben werden meistens als Singular konstruiert.

1.1.3.4. Kollektivwörter mit Singular- oder Pluralkonstruktion

> The **class has/have** been discussing the question.
> The **committee has** not been consulted.
> The **committee have** been unable to agree on a place for their meetings.
> The **couple has/have** three sons and two daughters.
> The **family has/have** been here for so long.
> The **Government takes** most of what I earn.
> The **Government are** unable to agree on this point.
> The **majority is/are** in favour of the proposal.
> The **press has** three functions: to inform, to influence, and to entertain.
> The **press have** dug up some rather unpleasant things about him.
> The **public wants/want** low fares and **doesn't/don't** mind how it **gets/they get** them.
> The **staff is/are** working twenty-one hours a day.

Kollektivwörter wie *family* und *staff* werden teils als Singular, teils als Plural konstruiert. Denkt man mehr an die Gesamtheit, das Ganze, so wählt man die Singularkonstruktion; geht es mehr um die einzelnen Glieder der Gruppe als einzelne, so zieht man die Pluralkonstruktion vor.

1.1.4. Weitere Beispiele abweichenden Sprachgebrauchs im Englischen und Deutschen

His remaining worry **was** taxes.　waren die Steuern
The most unusual thing about him **was** his eyes.　waren seine Augen
The only thing we want **is** the true facts.　sind die wahren Fakten
What we need most **is** books.　sind Bücher
(*Aber auch:* What we need most **are** books. The first thing we saw **were** two large rats sitting on the kitchen table.)

It **is** the spring mornings I remember best.　die ... sind es

Most people don't like to think of their own **deaths**.　an ihren eigenen Tod
(*Aber:* Many people are not prepared to meet their **death**.)
The children washed their **faces**.　wuschen sich das Gesicht
The men all took off their **hats**.　nahmen den Hut ab
They shook their **heads**.　schüttelten den Kopf
Twelve men lost their **lives**.　kamen ums Leben
We had to keep our **mouths** shut.　wir mußten den Mund halten
They don't want to risk their **necks**.　Kopf und Kragen riskieren

The eighteenth and nineteenth **centuries** ...　das 18. und 19. Jahrhundert
Between 53rd and 54th **Streets** ...　zwischen der 53. und 54. Straße

He weighed ninety-eight **pounds**.　achtundneunzig Pfund

In the **interests** of justice, he must be caught.　im Interesse der Gerechtigkeit

1.2. Genus

Das grammatische Geschlecht kommt im Gebrauch der Pronomen *he/him(self)/his, she/her(self)/hers* und *it(self)/its* zum Ausdruck.

1.2.1. Personen

There's **a man** at the door.　He wants to sell us something.
Can you see **that girl** over there?　She is very pretty.

Bei Personen entspricht das *grammatische* Geschlecht dem *natürlichen* Geschlecht:
He/him(self)/his stehen für männliche Personen.
She/her(self)/hers stehen für weibliche Personen.

Mit Bezug auf Kinder kann – wenn das Geschlecht unbekannt ist oder unwichtig erscheint – auch *it(self)/its* stehen:
Just look at *the baby*.　Isn't *it* sweet?
Each child has a room of *its* own.

1.2.2. Tiere

The bird couldn't fly away, so the cat ate **it**.
Where's **the dog**? **It** / **He** / **She** is in the garden.
Here's **our cat**. **She** / **It** / **He** is almost part of the family.
A horse may find **its** / **his** way home even if **its** / **his** master cannot.

Auf Tiere wird im allgemeinen mit *it(self)* / *its* Bezug genommen; werden sie personifiziert, so können sie entsprechend ihrem natürlichen Geschlecht oder nach anderen Gesichtspunkten mit *he* / *him(self)* / *his* oder *she* / *her(self)* / *hers* bezeichnet werden.

1.2.3. Nicht-Lebewesen

I wrote him **a letter**, but he never answered **it**.
I know **good music** when I hear **it**.
Switzerland imports nearly all **its** raw materials.

In bezug auf Nicht-Lebewesen werden *it(self)* / *its* verwendet, es sei denn, es ist eine Personifizierung beabsichtigt (vgl. 1.2.3.1).

1.2.3.1. Personifizierte Nicht-Lebewesen

Italy has to import most of **her** coal.
(**Guatemala** is so small that a soldier could march across **it** in one day.)
Just look at **my new car**. Isn't **she** a beauty?
(We must sell **the car**. We can't afford to keep **it**.)
She was an old, slow **ship**.

Länder können (besonders im politischen Sinne) personifiziert werden und sind dann weiblich.   Auch Autos, Flugzeuge und dgl. können zum Ausdruck der Zuneigung oder Vertrautheit durch den Gebrauch weiblicher Pronomen personifiziert werden.   Schiffe werden fast immer als weiblich empfunden.

1.3. Genitiv

Genitiv		Einheitsform	
the **doctor's**	house	the **doctor**	has a house
the **boys'**	room	the **boys**	have a room

Der Genitiv wird im Singular durch Anhängen der Endung -'s an die Einheitsform gebildet; bei -s-Pluralen wird zur Bildung des Genitivs lediglich ein Apostroph angehängt.

Eigennamen auf -*s* [z] hängen im Genitiv entweder nur ein Apostroph oder aber Apostroph + *s* an:

Mrs Collins' ['kɔlinz] house	Mrs Collins's ['kɔlinziz] house
Mr Jones' [dʒəunz] car	Mr Jones's ['dʒəunziz] car
Dickens' ['dikinz] works	Dickens's ['dikinziz] works

1.3.1. Aussprache der -'s/-s'-Endung

the **man's** [mænz] hat	the **boss's** ['bɔsiz] daughter
the **clerk's** [klɑ:ks] desk	the **judge's** ['dʒʌdʒiz] decision

Die Aussprache der -'*s*/-*s*'-Endung entspricht im allgemeinen der des -*s*-Plurals (vgl. 1.1.1.1).

Nach Zischlauten ([s], [z], [ʃ], [ʒ], [tʃ], [dʒ]) wird die -'*s*-Endung [iz] gesprochen. Es können also zum Beispiel der Aussprache ['pə:snz] drei verschiedene Schreibformen entsprechen: *persons*, *person's* und *persons'*.

1.3.2. Gebrauch des Genitivs

1.3.2.1. Genitiv zum Ausdruck von Besitz oder Zugehörigkeit

Mr **Smith's** dog	Herrn Smiths Hund
the **dog's** food	das Futter des Hundes
his **father's** voice	die Stimme seines Vaters
a **cat's** life	das Leben einer Katze
someone **else's** umbrella	der Schirm von jemand anderem
his **sister-in-law's** death	der Tod seiner Schwägerin
this **Government's** foreign policy	die Außenpolitik dieser Regierung
Britain's future	Englands Zukunft
this **country's** economic problems	die wirtschaftlichen Probleme dieses Landes
the **miners'** strike	der Bergarbeiterstreik
a **women's** magazine	eine Frauenzeitschrift
men's overcoats	Herrenmäntel

In Fügungen wie diesen steht der Genitiv zum Ausdruck des Besitzes oder der Zugehörigkeit.

Häufig ist hier statt des -'*s*/-*s*'-Genitivs auch eine Fügung mit *of* (oder gelegentlich *for*) denkbar (vgl. 11.31):

the voice of his father, the life of a cat, the death of his sister-in-law, the foreign policy of this Government, the economic problems of this country, a magazine for women, overcoats for men.

1.3.2.2. Genitiv in Zeitangaben (vgl. 1.1.2.4)

His house is only **five minutes' walk** from here.
It's **an hour's walk** from the station.
It was **a three hours' trip.**
Everybody gets **a week's winter holiday.**
He gave **two weeks' notice** before he left his job.
He was sentenced to **two years' imprisonment.**
Saturday's defeat was a real shock.
Have you read **today's Evening News**?
It won't be more than **a day's work.**
I'll be seeing him **in a month or two's time.**

1.3.2.3. Der alleinstehende Genitiv

The voice on the telephone was **Bob's.**
It's not mine. It's **my landlady's daughter's.**

He's a friend **of our family's.**
(*Aber auch:* He's a friend of our family.)
She was a patient **of Dr White's.**
(*Aber auch:* She was a patient of Dr White.)

She's **at the doctor's.**   beim Arzt
I saw her **at the hairdresser's.**   beim Friseur
I first met him **at my aunt's.**   bei meiner Tante
She spent the afternoon **at the Taylors'.**   bei (den) Taylors

She's gone **to the doctor's.**   zum Arzt
(*Aber auch:* She's gone to the doctor.)
I'm going **to the hairdresser's.**   zum Friseur
(*Aber auch:* I'm going to the hairdresser.)

He took some pictures of **St Paul's.**   von der St.-Pauls-Kathedrale

2. Die Artikel

Der Gebrauch der englischen Artikel ist für deutschsprachige Lernende nur dort problematisch, wo er vom deutschen Sprachgebrauch abweicht. Die folgende Darstellung beschränkt sich daher in der Hauptsache auf eine Behandlung der für Lernende wichtigsten Unterschiede.

2.1. Der bestimmte Artikel

2.1.1. Aussprache des bestimmten Artikels

[ðə]	[ði]	[ði:]
the cup	the accident	**Betont:**
the doctor	the engine	He's **the** expert on Shakespeare.
the film	the idea	His name's Rockefeller, but
the hospital	the office	he's not one of **the** Rocke-
the European countries	the umbrella	fellers.
the university	the hour	
the U.S.A.	the R.A.C.	

Vor Wörtern, deren gesprochene Form *nicht* mit einem Selbstlaut anfängt, wird der bestimmte Artikel normalerweise [ðə] gesprochen.
Vor Wörtern, deren gesprochene Form mit einem Selbstlaut anfängt, wird der bestimmte Artikel normalerweise [ði] gesprochen.
Wird der bestimmte Artikel betont, so wird er [ði:] gesprochen. Diese Aussprache findet sich auch bei zögerndem, gedehntem Sprechen, beim Diktieren usw.

2.1.2. Gebrauch und Nichtgebrauch des bestimmten Artikels

2.1.2.1. Allgemeinbegriffe

the history of **art**	**the art** of the 19th century
he's not afraid of **death**	**the death** of a friend
life is hard	he saved **the life** of a little girl
isn't **love** wonderful?	**the love** a mother feels for her child
the wild flowers found in **nature**	learn about **the nature** of the atom
let **war** yield to **peace**	**the peace** that followed **the war** did not
(Cicero)	last long
he wants to go into **politics**	I hate **the politics** of this Government
time passes quickly	I didn't have **the time** to do it

Werden Begriffe wie *death, life, love, peace* und *time* in ihrem allgemeinen Sinn – ohne nähere Bestimmung – gebraucht, so stehen sie im Gegensatz zum Deutschen stets ohne den bestimmten Artikel.   Werden sie – zum Beispiel durch einen Zusatz mit *of* oder einen Relativsatz – näher bestimmt oder eingeschränkt, so stehen sie wie im Deutschen mit dem bestimmten Artikel.

Weitere Beispiele: *English literature* ("die englische Literatur"), *human nature* ("die menschliche Natur"), *modern man* ("der moderne Mensch"), *old age* ("das Alter"), *public opinion* ("die öffentliche Meinung").

Beachten Sie auch:

Man does not live by bread alone.	*der Mensch* lebt nicht vom Brot allein
Woman governs America.	*die Frau* regiert Amerika
Gold has never lost its value.	*das Gold* hat nie seinen Wert verloren

2.1.2.2. Personennamen

I got it from **little Jane.** **Poor old Jack.**	von der kleinen Jane der arme alte Jack
We're having dinner at **the Browns'.**	bei Browns

2.1.2.3. Namen von öffentlichen Gebäuden und Einrichtungen

He saw	**Broadcasting House.** **Buckingham Palace.** **City Hall.** **Rockefeller Center.** **Speakers' Corner.** **St Paul's Cathedral.** **Westminster Abbey.**	das Broadcasting House den Buckingham-Palast die City Hall das Rockefeller Center die Speakers' Corner die St Paul's Cathedral die Westminster Abbey
She saw	**the Bank of England.** **the British Museum.** **the Empire State Building.** **the Houses of Parliament.** **the National Gallery.** **the Tower of London.** **the Waldorf Astoria (Hotel).**	die Bank von England das Britische Museum das Empire State Building die Parlamentsgebäude die Nationalgalerie den Tower von London das Waldorf Astoria Hotel

2.1.2.4. Namen von Bahnhöfen und Flughäfen

This is	**Victoria Station.** **Pennsylvania Station.** **London Airport.** **Kennedy Airport.**	der Victoria-Bahnhof der Pennsylvania-Bahnhof der Londoner Flughafen der Kennedy-Flughafen

2.1.2.5. Namen von Straßen

Here's	Oxford Street.	die Oxford Street
	Fifth Avenue.	die Fifth Avenue
	Bayswater Road.	die Bayswater Road
	the Cambridge road.	die Straße nach Cambridge
	Kensington High Street.	die Kensington High Street
	the High Street.	die High Street
	Main Street.	die Main Street
	the main street.	die Hauptstraße

2.1.2.6. Namen von Plätzen, Brücken, Parks

This is	Trafalgar Square.	der Trafalgar Square
	Piccadilly Circus.	der Piccadilly Circus
	Columbus Circle.	der Columbus Circle
	Waterloo Bridge.	die Waterloo Bridge
	Brooklyn Bridge.	die Brooklyn Bridge
	George Washington Bridge.	die George Washington Bridge
	Central Park.	der Central Park
	Hyde Park.	der Hyde Park
	St James's Park.	der St James's Park
	Regent's Park.	der Regent's Park

2.1.2.7. Ländernamen

They live	in England.	in England
	in Switzerland.	in der Schweiz
	in Turkey.	in der Türkei
	in Czechoslovakia.	in der Tschechoslowakei
	in the Netherlands.	in den Niederlanden
	in the United States.	in den Vereinigten Staaten

Bei den artikellos gebrauchten Ländernamen entfällt der Artikel auch, wenn ihnen ein Adjektiv vorangestellt ist:
industrial Germany = das industrielle Deutschland
modern Britain = das moderne Großbritannien
Werden diese Ländernamen allerdings durch einen nachgestellten Zusatz näher bestimmt, so können sie mit dem Artikel verbunden werden:
the England of the past = das England der Vergangenheit
the America I love = das Amerika, das ich liebe

2.1.2.8. Bergnamen

They climbed	(Mount) Everest. (Mount) Snowdon. Ben Nevis. Mont Blanc.	den Mount Everest den (Mount) Snowdon den Ben Nevis den Montblanc
	the Mont Dolent. the Jungfrau. the Matterhorn.	den Mont Dolent die Jungfrau das Matterhorn

Englischsprachige Bergnamen stehen in der Regel ohne den bestimmten Artikel; nichtenglische stehen teils mit, teils ohne Artikel; deutschsprachige Bergnamen stehen immer mit dem Artikel.

2.1.2.9. Politische Einrichtungen, Regierungs- und Gesellschaftsformen

The President is expected to keep **Congress** constantly informed.
What do you know about **the U.S. Congress**?

The Prime Minister and Cabinet are responsible to **Parliament**.
The British Parliament meets in two houses, the House of Lords and the House of Commons.

Government after all is a very simple thing.   (W. G. Harding)
Every country has **the government** it deserves.

Communism is a social and political movement.
He is a firm believer in **socialism.**
The test of **democracy** is freedom of criticism.

2.1.2.10. Tageszeiten, Wochentage, Monate, Feste, Jahreszeiten

He left **in the morning/in the afternoon/in the evening/in the night.**
She left **at sunrise/at noon/at sunset/at night.**

I'll be in Rome **next week/next Monday/next month/next year.**
She left **the following week/the following Monday/the following month.**

I never do it **at this time of day/year.**

I've been working hard **all morning/all afternoon/all night/all week.**

I'll visit her **on Sunday** (i.e., next Sunday).
I visited her **on the Sunday** (i.e., the Sunday that followed, the Sunday of that week, etc.).
I'll see you **in May** (i.e., the coming May).
I saw her **in (the) May** of that year.

I went there **during Easter.**
I went there **during the Easter** of that year.

Autumn is just as nice as **spring.**
We usually play a great deal of tennis **in (the) summer.**
I remember visiting them **in the winter** of 1969.

2.1.2.11. Mahlzeiten

When are you going to have **breakfast/lunch/tea/dinner?**
I'll have **supper** ready in half an hour.
The dinner was good, but I didn't enjoy the speeches that came after it.

2.1.2.12. School, college, university

Tommy is still **at school / at college / at (the) university.**
Aber: Tommy's mother left **the school** in tears.

Jim has been going **to college** for three years now.
Aber: Jim's parents went **to the college** to complain.

2.1.2.13. Church, hospital, prison, jail

She goes to **church** every Sunday.
Aber: He drove past **the church** without noticing it.

The injured man was taken **to hospital.**
Aber: The injured man's wife immediately went **to the hospital** to see him.

The judge sent the thief **to prison.**
The pickpocket was sentenced **to jail** for 30 days.

2.1.2.14. Radio, Fernsehen, Telefon

He turned on	**the radio.** **the wireless.** **the television.** **the TV.** **the telly.**	We're listening to	**the radio.** **the wireless.**
		They're watching	**television.** **(the) TV.** **(the) telly.**
What's on	**the radio** **the wireless** **(the) television** **(the) TV** **(the) telly**	tonight?	I talked to him **over the phone.** We got the news **by phone.**

2.1.2.15. Musikinstrumente, Gesellschaftstänze

He plays **the piano / the violin / the trumpet.**
They dance **the fox trot / the rumba / the samba.**

2.1.2.16. Transportmittel

He	arrived came left travelled went	by	bus. car. plane. taxi. train.	He was sitting	on the bus. in the car. in the plane. in the taxi. on the train.

2.1.2.17. Idiomatischer Gebrauch und Nichtgebrauch des bestimmten Artikels

The sooner you come, **the** better.	je eher ... desto besser
Of all my books, I like this **the** best.	gefällt mir dies am besten
Most children are fond of animals.	die meisten Kinder
The wind came from **the east.**	von Osten

Feststehende Ausdrücke:

be in bed = im Bett sein
go to bed = ins Bett gehen
on condition that = unt. d. Bedingung, daß
lose face = das Gesicht verlieren
live from hand to mouth
  = von der Hand in den Mund leben
lose interest = das Interesse verlieren
keep something in mind = sich etwas merken
be in power = an der Macht sein
be out of practice = aus der Übung sein

in public = in der Öffentlichkeit
at first sight = auf den ersten Blick
be in town = in der Stadt sein
go to town = in die Stadt fahren
be at work = bei der Arbeit sein
from the beginning = von Anfang an
with the exception of = mit Ausnahme von
with the help of = mit Hilfe von
pay by the hour = stundenweise bezahlen
turn to the left / right
  = nach links / rechts abbiegen

2.1.3. Stellung des bestimmten Artikels (vgl. 2.2.3)

All the machines have been sold.
He was talking **all the** time.
He would be **quite the** wrong person to ask.
He sold it at **half / twice / double the** price.

In Strukturen wie diesen steht *the* hinter *all, quite, half, twice* und *double.*

2.2. Der unbestimmte Artikel

2.2.1. Form und Aussprache des unbestimmten Artikels

a [ə] (*betont*: [ei])		an [ən] (*betont*: [æn])	
a cup	a European country	an accident	an honest man
a doctor	a one-man show	an engine	an honour
a film	a union	an idea	an hour
a hospital	a university	an office	an M.A.
a house	a U.S. citizen	an umbrella	an R.A.F. officer

Vor Wörtern, deren gesprochene Form *nicht* mit einem Selbstlaut anfängt, hat der unbestimmte Artikel normalerweise die Form *a*.

Vor Wörtern, deren gesprochene Form mit einem Selbstlaut anfängt, hat der unbestimmte Artikel normalerweise die Form *an*.

Die betonten Ausspracheformen [ei] und [æn] finden sich auch bei zögerndem, gedehntem Sprechen, nach Sprechpausen, beim Diktieren usw.

Bei einigen wenigen mit *h* anlautenden Wörtern schwankt der Sprachgebrauch zwischen *a* und *an*:

a hotel [ə həuˈtel] – an hotel [ən əuˈtel]
a habitual criminal [ə həˈbitjuəl ˈkriminl] – an habitual criminal [ən əˈbitjuəl ˈkriminl]
a historical novel [ə hisˈtɔrikl ˈnɔvl] – an historical novel [ən isˈtɔrikl ˈnɔvl]

2.2.2. Gebrauch und Nichtgebrauch des unbestimmten Artikels

2.2.2.1. Zahlen und Maßbezeichnungen

a hundred and twenty miles	hundertzwanzig Meilen
a thousand different things	tausend verschiedene Sachen
over a million copies	über eine Million Exemplare
do fifty miles an hour	fünfzig Meilen in der Stunde schaffen
drink a pint of milk a day	ein Pint Milch pro Tag trinken
write three times a week	dreimal die Woche schreiben
sell 10,000 copies a year	10000 Exemplare pro Jahr verkaufen
they charge £10 a person	sie berechnen £10 pro Person
they cost 50p a pound	sie kosten 50 Pence das Pfund
two at a time	zwei auf einmal

2.2.2.2. Beruf, Funktion, Mitgliedschaft, Nationalität, Religion usw.

He is He was	a lawyer. a professor at the university. a member of the city council. a socialist. a U.S. citizen. a director of the company.
He became He remained	managing director of the company. Professor of Philosophy at Manchester University. chairman of the committee. president of the society. Mayor of Hastings.

Entsprechend ist der Artikelgebrauch nach *as*:
As *a* child I often had stomachache.   als Kind hatte ich oft Bauchschmerzen
The sleeping bag served as *a* bed.   der Schlafsack diente als Bett
I got it as *a* birthday present.   ich bekam es als Geburtstagsgeschenk
He was treated as *a* friend.   er wurde als Freund behandelt
Aber:
He served as mayor for several years.   als Bürgermeister
I'm here in my capacity as chairman of the board.   als Verwaltungsratsvorsitzender
She had to act as interpreter for them.   mußte für sie dolmetschen

2.2.2.3. Im Englischen unzählbare Begriffe

That's good **advice**.	ein guter Rat
That's interesting **information**.	eine interessante Information
I've got good **news** for you.	eine gute Nachricht
He has quite good **taste**.	einen recht guten Geschmack
You shouldn't go out in such **weather**.	bei so einem Wetter
What **fun** we all had!	was für einen Spaß!
What lovely **hair** she has!	was für (ein) herrliches Haar!
What terrible **heat**!	was für eine schreckliche Hitze!
What **luck**!	was für ein Glück!
What wonderful **music**!	was für (eine) herrliche Musik!
What **nonsense**!	was für ein Unsinn!

Einige dieser Begriffe können auch durch Zusätze zählbar gemacht werden (vgl. 1.1.2.1):
a piece of advice = ein Rat(schlag)
a piece of information/an item of information = eine Information
a piece of news/an item of news = eine Nachricht

2.2.2.4. Idiomatischer Gebrauch und Nichtgebrauch des unbestimmten Artikels

have **a** birthday	Geburtstag haben
wish somebody **a** merry Christmas	jemandem frohe Weihnachten wünschen
come to **an** end	zu Ende gehen
have **a** temperature	Fieber/Temperatur haben
be in **a** hurry	in Eile sein
take **an** interest in something	sich für etwas interessieren
be in **a** position to do something	in der Lage sein, etwas zu tun
fly into **a** temper	in Wut geraten
without **a** break	ohne Unterbrechung
for **a** change	zur Abwechslung
to **a** high degree	in hohem Grade
to **a** great extent	in hohem Maße
as **a** result of the rain	infolge des Regens
as **a** rule	in der Regel
in **a** loud voice	mit lauter Stimme
What colour do you want?	was für eine Farbe
What kind of suit was he wearing?	was für eine Art von Anzug
What make of car do you drive?	was für eine Automarke
What size do you wear?	was für eine Größe

Schwankender Sprachgebrauch findet sich in folgenden Fällen:
I have backache/earache/stomachache/toothache. (*Brit.*)
I have *a* backache/*an* earache/*a* stomachache/*a* toothache. (*U.S.*)
(*Aber Brit.* & *U.S.*: I have *a* headache.)
You'll catch (a) cold sitting here in the draught. du wirst dich erkälten
He lost (a) part of his money in that risky transaction. einen Teil seines Geldes
It's (a) quarter to three by my watch. They talked for (a) quarter of an hour.

2.2.3. Stellung des unbestimmten Artikels (vgl. 2.1.3)

He smoked **half a** dozen cigarettes.	ein halbes Dutzend Zigaretten
It was **quite a** disappointment.	eine ziemliche Enttäuschung
It was **rather a** mess.	ein ziemlicher Schlamassel
He's **such a** fool.	so ein Dummkopf
Many a student made that mistake.	so mancher Student
What a nice girl she is!	was für ein nettes Mädchen

Bei *half* und *rather* bestehen gelegentlich zwei Stellungsmöglichkeiten:
He drank *half a* bottle of whisky. – He drank *a half* bottle of whisky.
It's *rather a* good picture. – It's *a rather* good picture.

26   Unbestimmter Artikel

3. Das Adjektiv

3.1. Attributiver und prädikativer Gebrauch

Die meisten englischen Adjektive können – wie ihre deutschen Entsprechungen – sowohl attributiv (d. h. beim Substantiv stehend) als auch prädikativ (d. h. beim Verb stehend) verwendet werden:

Attributiv (vorangestellt):	The *red* car ...
Attributiv (nachgestellt):	A car *ideal* for large families ...
Prädikativ:	The car is *red*.

Bei einer kleinen Anzahl von Adjektiven bestehen jedoch hinsichtlich der Stellungsmöglichkeiten gewisse Einschränkungen.

Die folgenden Adjektive zum Beispiel werden stets attributiv vorangestellt:

mere (It's a *mere* copy.)
very (He used that *very* word.)
hourly/daily/weekly usw. (We need an *hourly*/a *daily*/a *weekly* service.)
inner/outer/upper usw. (I want the *inner/outer/upper* half.)

Die folgenden Adjektive werden nie attributiv vorangestellt:

afraid	(The boy is *afraid*.)	*asleep*	(The patient is now *asleep*.)
alike	(The two dresses are quite *alike*.)	*awake*	(Is the baby *awake*?)
alive	(The man was still *alive*.)	*content*	(Are you *content* with the food here?)
alone	(The children are *alone* at home.)	*unable*	(The girl was *unable* to lift the case.)
ashamed	(He's *ashamed* of what he did.)		

In der Regel wird auch *ill* in der Bedeutung *krank* nicht attributiv vorangestellt:
His wife is *ill*. – He has to look after his *sick* wife.

3.1.1. Nachstellung des attributiven Adjektivs

a solution **acceptable to all concerned**	eine für alle Beteiligten annehmbare Lösung
measures **effective to a high degree**	in hohem Maße wirksame Maßnahmen
an offer **generous in the extreme**	ein über alle Maßen großzügiges Angebot
a movie **suitable for children**	ein für Kinder geeigneter Film

In Fällen wie diesen können durch Zusätze erweiterte Adjektive im Englischen nur hinter – nicht vor – das Substantiv gestellt werden.

In den folgenden Fällen dagegen gibt es – mit leichten Abweichungen – grundsätzlich zwei Stellungsmöglichkeiten:

They arrived on Monday last. – They arrived *last* Monday.
We're meeting on Friday next. – We're meeting *next* Friday.
a hole *ten feet deep* – a *ten-foot* hole
an office building *twenty storeys high* – a *twenty-storey* office building

3.2. Die Steigerung des Adjektivs

-er / -est-Steigerung		
a **cheap** car	a **cheaper** ['tʃiːpə] car	the **cheapest** ['tʃiːpist] car
ein billiges Auto	ein billigeres Auto	das billigste Auto
more / most-Steigerung		
a **comfortable** car	a **more comfortable** car	the **most comfortable** car
ein bequemes Auto	ein bequemeres Auto	das bequemste Auto
Unregelmäßige Steigerung		
a **good** car	a **better** car	the **best** car
ein gutes Auto	ein besseres Auto	das beste Auto

Im Englischen werden die Adjektive durch Anhängen von *-er / -est*, Voranstellen von *more / most* oder unregelmäßig gesteigert.

3.2.1. Steigerung mit -er / -est

bright – brighter – brightest	loud – louder – loudest
clean – cleaner – cleanest	poor – poorer – poorest
deep – deeper – deepest	sick – sicker – sickest
fresh – fresher – freshest	tall – taller – tallest
high – higher – highest	shy – shyer – shyest

Einsilbige Adjektive werden in der Regel durch Anhängen von *-er / -est* gesteigert.

busy – busier ['biziə] – busiest ['biziist]
dirty – dirtier ['dəːtiə] – dirtiest ['dəːtiist]
early – earlier ['əːliə] – earliest ['əːliist]
sunny – sunnier ['sʌniə] – sunniest ['sʌniist]

Zweisilbige Adjektive auf *-y* werden in der Regel ebenfalls mit *-er / -est* gesteigert.

3.2.1.1. Besonderheiten in der Schreibung

fine – finer – finest	safe – safer – safest
large – larger – largest	
nice – nicer – nicest	free – freer ['friːə] – freest ['friːist]

Ein *-e* am Ende des Adjektivs entfällt beim Anhängen von *-er / -est*.

big – bigger – biggest	hot – hotter – hottest
fat – fatter – fattest	mad – madder – maddest
flat – flatter – flattest	sad – sadder – saddest
glad – gladder – gladdest	thin – thinner – thinnest

Die Endbuchstaben *-d*, *-g*, *-n* und *-t* werden – sofern ihnen ein kurzes, betontes *-a-*, *-e-*, *-i-* oder *-o-* vorausgeht – beim Anhängen von *-er* / *-est* verdoppelt.

happy – happier – happiest

Auslautendes *-y* wird bei mehrsilbigen Adjektiven zu *-i-*, wenn *-er* / *-est* angehängt wird (vgl. 3.2.1). Diese Schreibregel gilt auch für das einsilbige Adjektiv *dry*: *dry – drier – driest*.

3.2.1.2. Besonderheiten in der Aussprache

[ŋ] wird [ŋg]:
long [lɔŋ] – longer ['lɔŋgə] – longest ['lɔŋgist]
strong [strɔŋ] – stronger ['strɔŋgə] – strongest ['strɔŋgist]
young [jʌŋ] – younger ['jʌŋgə] – youngest ['jʌŋgist]
Aber: wrong [rɔŋ] – wronger ['rɔŋə] – wrongest ['rɔŋist]

Silbisches *l* wird unsilbisch gesprochen:
able ['eibᵊl] – abler ['ei-blə] – ablest ['ei-blist]
simple ['simpᵊl] – simpler ['sim-plə] – simplest ['sim-plist]

End-[r] wird mitgesprochen:
near [niə] – nearer ['niərə] – nearest ['niərist]
poor [puə] – poorer ['puərə] – poorest ['puərist]
sincere [sin'siə] – sincerer [sin'siərə] – sincerest [sin'siərist]
sure [ʃuə] – surer ['ʃuərə] – surest ['ʃuərist]

3.2.2. Steigerung mit more / most

an **ambitious** man	a **more ambitious** man	the **most ambitious** man
ein ehrgeiziger Mann	ein ehrgeizigerer Mann	der ehrgeizigste Mann
a **generous** man	a **more generous** man	the **most generous** man
ein großzügiger Mann	ein großzügigerer Mann	der großzügigste Mann
an **intelligent** man	a **more intelligent** man	the **most intelligent** man
ein intelligenter Mann	ein intelligenterer Mann	der intelligenteste Mann

Adjektive mit mehr als zwei Silben werden stets mit *more* / *most* gesteigert.

Zweisilbige Adjektive werden ebenfalls – mit Ausnahme derer auf -*y* (vgl. 3.2.1) – in der Regel mit *more/most* gesteigert: *active – more active – most active, famous – more famous – most famous* etc.

Von den zweisilbigen, nicht auf -*y* endenden Adjektiven können die folgenden außer mit *more / most* auch mit -*er / -est* gesteigert werden: *able, bitter, clever, common, complete, handsome, hollow, narrow, open, pleasant, polite, precise, profound, quiet, simple, sincere, solid, stupid, yellow.*

Werden Eigenschaften ein und derselben Person oder Sache miteinander verglichen, so ist nur die *more / most*-Steigerung möglich:

She is *more proud* than intelligent. He was *more sad* than angry.

3.2.3. Unregelmäßige Steigerungsformen

bad
ill   ⟶ **worse** [wəːs] – **worst** [wəːst]

This picture is *bad*.	schlecht
This one is even *worse*.	sogar noch schlechter
This picture is the *worst* of the lot.	das schlechteste von allen
He was feeling rather *ill* yesterday.	ziemlich krank / schlecht
He's feeling even *worse* today.	noch kränker / schlechter
He felt *worst* on Sunday.	ging es ihm am schlechtesten

far   — **further** [ˈfəːðə] – (**furthest** [ˈfəːðist])
        — **farther** [ˈfɑːðə] – **farthest** [ˈfɑːðist]

It's *further / farther* than I thought.	weiter, als ich dachte
further details	weitere Einzelheiten
the *farthest* corner of the earth	der entfernteste Winkel der Erde

Anmerkung: *Farther* wird nur in bezug auf räumliche Entfernung gebraucht. *Further* dagegen kann sowohl im örtlichen als auch im übertragenen Sinn gebraucht werden. *Furthest* ist als Adjektiv äußerst selten.

good
well ⟶ **better** – **best**

This picture is very *good*.	sehr gut
This one is even *better*.	sogar noch besser
This one is the *best* of the lot.	das beste von allen
He's very *well*.	es geht ihm sehr gut
He's much *better* now.	es geht ihm jetzt viel besser
He always feels *best* right after the injection.	direkt nach der Spritze fühlt er sich immer am besten

little (= wenig; gering) – **less** – **least**

little money	wenig Geld
even *less* money	sogar noch weniger Geld
the *least* money	das wenigste Geld
the *least* of my worries	die geringste meiner Sorgen

Anmerkung: *Less* wird häufig auch im Sinn von *fewer* gebraucht: *less books, less miles, less people, less problems.* (Vgl. 11.25.)

```
many ─────────►
                  more – most
much ─────────►
```

There aren't *many* mistakes.	nicht viele Fehler
There are *more* mistakes than last time.	mehr Fehler als letztes Mal
I've got the *most* mistakes of us all.	die meisten Fehler
We haven't got *much* beer.	nicht viel Bier
We need *more* beer.	mehr Bier
You've drunk the *most* beer of us all.	das meiste Bier

```
          ─── older – oldest
old  ◄────
          ─── elder – eldest
```

He's *older* than you.	älter
my *elder/older* brother	älterer Bruder
the *oldest* man in the village	der älteste Mann
my *eldest/oldest* son	mein ältester Sohn

Anmerkung: *Elder/eldest* können nur attributiv vor dem Substantiv stehend oder allein-stehend (*Which is the elder/the eldest?*) verwendet werden und stehen dann – besonders im britischen Englisch – vor allem in bezug auf Familienangehörige. Da andererseits der Gebrauch von *older/oldest* keinerlei Einschränkungen unterliegt, ist Lernenden der ausschließliche Gebrauch dieser Formen zu empfehlen.

the former – the latter

If I had the choice between going by train and going by car, I'd prefer the *former* to the *latter*.	so würde ich das erstere dem letzte-ren vorziehen

last – latest

His *last/latest* book was so successful that he's now planning to write another.	sein letztes/neuestes Buch
the *last* day of the month	der letzte Tag des Monats
the *latest* news	die neuesten Nachrichten
the *latest* fashion	die neueste Mode

next – nearest

What'll be our *next* job?	unsere (reihenfolgemäßig) nächste Arbeit
We can't go on working for ever. Why don't we go to the *nearest* pub for a drink and some sandwiches?	die (entfernungsmäßig) nächste Gastwirtschaft
the *nearest* way to the station	der nächste/kürzeste Weg zum B.
the *next* turning to the left	die nächste Querstraße links
our *nearest/next* neighbours	unsere nächsten Nachbarn

Anmerkung: *Next* bezeichnet im allgemeinen die Reihenfolge, *nearest* die räumliche Entfernung.

3.2.4. Vergleichs- und Steigerungskonstruktionen

The bedroom is **as large as** the living room.	so groß wie

The bathroom isn't **as large as** the kitchen.	nicht so groß wie
The bathroom is **not so large as** the kitchen.	nicht so groß wie
It isn't **as expensive as** all that.	so teuer ist es nun auch wieder nicht

The kitchen is **larger than** the bathroom.	größer als
The sofa is **more comfortable than** the chair.	bequemer als
The lake is **less deep than** the river.	weniger tief als

The cheaper, the better.   je billiger, desto besser
The more intelligent one is, **the less** one likes modern society.
  je intelligenter man ist, desto weniger gefällt einem

It's getting **colder and colder.**   es wird immer kälter
He was becoming **more and more restless.**   er wurde immer unruhiger

He's **the nicest man in** the club.
London is **the most interesting city in** the world.
It was **the worst night of** my life.

Zu beachten ist auch:
(*Doppeldeutig*) Mr Brown is more interested in golf than his wife.
(*Eindeutig*)   Mr Brown is more interested in golf than his wife is.
(*Eindeutig*)   Mr Brown is more interested in golf than in his wife.

3.3. Substantive in adjektivischer Funktion

a **business** appointment	eine geschäftliche Verabredung
colour illustrations	farbige Abbildungen
enemy ships	feindliche Schiffe
an **evening** visit	ein abendlicher Besuch
a **gold** watch	eine goldene Uhr
for **health** reasons	aus gesundheitlichen Gründen
a **silk** dress	ein seidenes Kleid
his **silver** wedding	seine silberne Hochzeit
a **surprise** visit	ein überraschender Besuch
tax advantages	steuerliche Vorteile
a **telephone** message	eine telefonische Mitteilung

Mitunter entsprechen attributiv gebrauchte englische Substantive deutschen Adjektiven.   Häufiger allerdings entsprechen englischen Fügungen wie *colour photo*, *metal container* und *silver coin* deutsche Zusammensetzungen vom Typ *Farbfoto*, *Metallbehälter* und *Silbermünze*.

Ortsnamen haben in der Regel keine besonderen Adjektivformen: *a Bonn school* = *eine Bonner Schule, a London station* = *ein Londoner Bahnhof, the Moscow underground* = *die Moskauer U-Bahn, the New York parks* = *die New Yorker Parks.*

3.4. Substantivierung des Adjektivs

Englische Adjektive können nicht in dem gleichen Umfang als Substantive gebraucht werden wie deutsche. Häufig entspricht einem deutschen substantivierten Adjektiv im Englischen die Konstruktion Adjektiv + Substantiv:

Wer ist denn der *Glückliche*?	Who is the *lucky man*?
Das *Seltsame* daran ist ...	The *strange thing* about it is ...

Im wesentlichen bestehen die in 3.4.1–3.4.3.2 dargestellten Gesetzmäßigkeiten.

3.4.1. Das Adjektiv als Singularsubstantiv

You're asking **the impossible**.	das Unmögliche
Nothing is so certain as **the unexpected**.	das Unerwartete
We must take **the bad** with **the good**.	das Schlechte mit dem Guten

Diese Verwendung des Adjektivs als Substantiv beschränkt sich im wesentlichen auf pauschal gebrauchte abstrakte Adjektive mit vorangestelltem *the*.
Wird das Adjektiv nicht im allgemeinen Sinn ("das Gute schlechthin") gebraucht, so bedarf es eines nachfolgenden "Stütz"-Substantivs:

The *good thing* about it is ...	Das *Gute* daran ist ...

3.4.2. Das Adjektiv als Pluralsubstantiv

the blind	die Blinden	**the poor**	die Armen
the dead	die Toten	**the rich**	die Reichen
the injured	die Verletzten	**the sick**	die Kranken
the living	die Lebenden	**the wounded**	die Verwundeten

Zur Bezeichnung der Gesamtheit eines Personenkreises können eine Reihe von Adjektiven – meist mit vorangestelltem *the* – als Pluralsubstantive ohne *-s*-Endung gebraucht werden.

Gelegentlich geht diesen substantivierten Adjektiven allerdings kein *the* voraus, und mitunter bezeichnen sie auch Einzelpersonen:
Britain's coloured have many problems. The *six injured* were taken to hospital.
The number of *sick* has risen. There were *four wounded* and *two dead*.
Will man diese Adjektive zur Bezeichnung einzelner oder mehrerer Angehöriger des Gesamtpersonenkreises gebrauchen, so läßt man ihnen im allgemeinen ein Substantiv wie *man/men, woman/women, person/s, people* folgen:

Many *blind people* rely on dogs.	viele Blinde
The *dead woman's* name is still unknown.	der Name der Toten
The *rich man* and the *poor man*.	der Reiche und der Arme

3.4.3. Substantivierung von Nationalitätsadjektiven

3.4.3.1. Gesamtheit und einzelne Angehörige eines Volkes

a. The **Chinese/Japanese/Portuguese/Vietnamese/Swiss** are clever people.
b. The **Dutch/English/French/Irish/Welsh** are very intelligent.

Während die Adjektive in a zum Teil auch unverändert zur Bezeichnung von einzelnen oder mehreren Angehörigen der betreffenden Völker gebraucht werden können, haben die Adjektive in b dafür besondere Formen:
a. She's married to *a Chinese/a Japanese/a Portuguese/a Vietnamese/a Swiss.* There were two *Chinese/Japanese/Portuguese/Vietnamese/Swiss* in the group.
He's married to a *Chinese girl / Japanese girl / Portuguese girl / Vietnamese girl / Swiss girl.* er ist mit einer Chinesin ... verheiratet
Chinese people / Japanese people / Portuguese people / Vietnamese people / Swiss people are very polite. Chinesen ... sind sehr höflich
b. She's married to *a Dutchman / an Englishman / a Frenchman / an Irishman / a Welshman.* sie ist mit einem Holländer ... verheiratet
He's married to a *Dutchwoman / an Englishwoman / a Frenchwoman / an Irishwoman / a Welshwoman.* er ist mit einer Holländerin ... verheiratet
There were two *Dutch people / English people / French people / Irish people / Welsh people* in the group. es waren zwei Holländer(innen) ... in der Gruppe
Dutch people / English people / French people / Irish people / Welsh people are extremely good-natured. Holländer ... sind äußerst gutmütig

Nationalitätsadjektive auf -*an* können unverändert als echte Substantive mit normalem Singular und -*s*-Plural gebraucht werden:
The *Americans/Austrians/Belgians/Germans/Italians/Russians* have a fairly high standard of living. die Amerikaner ... haben
She's married to *an American/an Austrian/a Belgian/a German/an Italian/a Russian.* sie ist mit einem Amerikaner ... verheiratet
He's married to *an American girl / an Austrian girl / a Belgian girl / a German girl / an Italian girl / a Russian girl.* mit einer Amerikanerin ...
Americans/Austrians/Belgians/Germans/Italians/Russians are nice people.

In Fällen wie den folgenden wird die adjektivische Nationalitätsbezeichnung ohne *a(n)* der substantivierten mit *a(n)* im allgemeinen vorgezogen:

Adjektiv	(Substantiv)	
He's **Swiss**.	(He's **a Swiss**.)	er ist Schweizer
He's **American**.	(He's **an American**.)	er ist Amerikaner
He's **English**.	(He's **an Englishman**.)	er ist Engländer

3.4.3.2. Sprachbezeichnungen

Chinese / Japanese / Portuguese / Dutch / English / French / Irish / Welsh is a difficult language.
German / Italian / Russian isn't easy to learn.

3.5. Das Stützwort one

He didn't want a white shirt, and he didn't want a **blue one** either.
und er wollte auch kein blaues
The film was not a particularly **interesting one.**
kein besonders interessanter
The meeting was a **routine one.**   die Sitzung war eine routinemäßige

The curtains look terrible. We'll need some **new ones** sooner or later.
wir werden früher oder später neue brauchen
Small tomatoes taste better than **big ones.**
kleine Tomaten schmecken besser als große

An die Stelle eines bereits genannten oder aus dem Zusammenhang erschließbaren "zählbaren" Substantivs tritt nach Adjektiven das Stützwort *one(s)*.

3.5.1. Nichtgebrauch des Stützworts

(1) Wird ein Gegensatz (*green – blue, old – new, English – American* usw.) ausgedrückt, so wird das Stützwort mitunter weggelassen:

Would you rather have the green dress or the **blue (one)**?
The English way of life is less hectic than the **American (one)**.
He had bought her a scarf, but a green one instead of a **pink**.
His left leg was somewhat shorter than his **right**.

(2) Auch nach Steigerungsformen wird das Stützwort – besonders wenn dem Adjektiv *the* vorausgeht – häufig weggelassen:

This camera isn't good enough. I need a **better one**.
Having looked at the two rooms, they finally decided to rent the **larger (one)**.

I have three children. The **oldest (one)** was nine in August.
His character is one of the **most curious** and **complex** that I have ever met.

(3) Nach Ordnungszahlen wird das Stützwort manchmal gebraucht und manchmal weggelassen:

> Since the first bottle was almost empty, he opened a **second one.**
> The crime for which a poisoner is arrested is usually not his **first**, nor even his **second.**
> The new list was even longer than the **first (one).**
> He signed a slip on three occasions, but on the **fourth (one)** he did not.

(4) Nicht gebraucht wird das Stützwort nach Grundzahlen, *own* und *the following*:

> I'll need four tickets for the first evening, **two** for the second, and **six** for the third.

> The furniture belongs to the landlord, but the carpets and curtains are our **own.**

> Among the dishes served were **the following:** ...

3.5.2. Gebrauch des Stützworts nach the, this und that

> Which of the girls do you mean?
> – **The one** in the yellow dress.   das mit dem gelben Kleid

> Which trousers do you like best?
> – **The ones** with the black stripes.   die mit den schwarzen Streifen

> Don't you like this dress? – No, but **that one** is rather pretty.
> Most of the questions are easy to answer, but **this one** is fairly tricky.

> Give me the letter. – Which one? **This one?** – Yes, that's **the one.**

4. Das Adverb

Die meisten englischen Adverbien werden durch Anhängen der Endung *-ly* an Adjektive gebildet: *frequent – frequently, slow – slowly*. Da das Deutsche zur Kennzeichnung von Adverbien in der Regel keine besondere Endung verwendet und andererseits im Englischen das Adverb manchmal auch endungslos bleibt, fällt es dem deutschsprachigen Englischlernenden nicht immer leicht zu entscheiden, ob in einer bestimmten englischen Konstruktion die *-ly*-Form zu benutzen ist oder nicht. Dieses Kapitel bietet daher die wichtigsten Regeln für die Bildung und den Gebrauch bzw. Nichtgebrauch der *-ly*-Form. Außerdem werden Erläuterungen zur Stellung der Adverbien im Satz gegeben.

4.1. Grundsätzliches zum Gebrauch

Adjektiv	Adverb
1a. He is a [slow] worker.	**1b.** He works [slowly].
2a. It is [easy].	**2b.** You can do it [easily].
3a. The heat is [unpleasant].	**3b.** It's [unpleasantly] hot.
4a. His intelligence is [surprising].	**4b.** He is [surprisingly] intelligent.
5a. He did it with [extreme] care.	**5b.** He did it [extremely] carefully.
6a. That's a [frank] answer.	**6b.** [Frankly,] I don't agree with you.
7a. Let us not get [personal]!	**7b.** Many people consider him a fool, but, [personally,] I don't think he is.

Während Adjektive sich auf Substantive (1a, 3a, 4a, 5a, 6a) oder Pronomen (2a, 7a) beziehen, dienen Adverbien vor allem zur näheren Bestimmung von Verben (1b, 2b), Adjektiven (3b, 4b), Adverbien (5b) und Sätzen (6b, 7b).

4.2. Zur Form des Adverbs

Eine verhältnismäßig kleine Zahl von Adverbien ist grundsätzlich endungslos und bietet deshalb von der Form her keinerlei Schwierigkeiten: *again, almost, already, also, always, anyway, besides, early, else, enough, even, ever, further, here, however, indeed, instead, just, little, maybe, meanwhile, more, much, never, next, now, often, only, otherwise, outside, perhaps, quite, rather, seldom, so, somehow, sometimes, somewhat, soon, still, then, there, therefore, though, thus, today, tomorrow, tonight, too, very, yesterday, yet* usw.

4.2.1. Well

Well als Adverb zu *good* stellt einen Sonderfall dar:

His English is very **good**.
He speaks English very **well**.

4.2.2. Bildung der -ly-Adverbien

Bei der Bildung der von Adjektiven abgeleiteten -*ly*-Adverbien sind folgende Besonderheiten zu beachten:

angry – angrily	steady – steadily	dry – dryly (*auch:* drily)
lucky – luckily	gay – gaily	shy – shyly

Auslautendes -*y* wird – mit ganz wenigen Ausnahmen – zu -*i*-.

able – ably	possible – possibly
comfortable – comfortably	sensible – sensibly
noticeable – noticeably	gentle – gently
probable – probably	idle – idly
reliable – reliably	simple – simply

Auf einen Mitlaut folgendes -*le* wird zu -*ly*.

automatic – automatically	historic – historically
basic – basically	realistic – realistically
dramatic – dramatically	scientific – scientifically
drastic – drastically	specific – specifically
economic – economically	systematic – systematically

Adjektive auf -*ic* hängen -*ally* an.   Einzige Ausnahme: *public – publicly*.

Außerdem weisen noch die folgenden Wörter Unregelmäßigkeiten auf:
due – duly, true – truly; whole – wholly; dull – dully, full – fully.

4.2.3. Umschreibung mit manner/way/fashion

The man greeted us **in a friendly manner.**
He teaches the subject **in a most lively way.**

Solchen Adverbformen wie *livelily* und *friendlily* werden Umschreibungen wie *in a friendly/lively manner/way/fashion* vorgezogen.

4.2.4. Formgleichheit von Adjektiv und Adverb

4.2.4.1. Adjektiv und endungsloses Adverb mit gleicher Bedeutung

Adjektiv	Adverb
I enjoy these **daily** visits.	I visit them **daily.**
It's a very **deep** hole.	We had to dig **deep** to find it.
They took the **early** train.	They arrived **early.**
The job won't be **easy.**	Take it **easy!**
Extra pay for **extra** work.	Drinks are charged **extra.**
I believe in **fair** play.	I believe in playing **fair.**
He's got an extremely **fast** car.	He always drives extremely **fast.**
That's a **fine** dress you're wearing.	You did **fine** in the exam.
I've got a **free** ticket for tonight.	Children are admitted **free.**
This fish is no longer **fresh.**	You can have some **fresh**-caught fish.
We have some **hard** work to do.	We'll have to work **hard.**
They climbed a **high** mountain.	We climbed **high** up into the mountains.
We have an **hourly** train service.	The trains run **hourly.**
Bill was the **last** one to arrive.	Bill arrived **last.**
Don't take the **late** train.	Don't come so **late.**
I've had very **little** sleep.	I've slept very **little.**
It wasn't a **long** speech.	He didn't speak **long.**
The sun was **low** in the sky.	The sun sank **low** in the west.
We pay him a **monthly** fee.	We pay him **monthly.**
He's a **near** relative of ours.	Don't go too **near.**
We must try to do it the **right** way.	We must try to do it **right.**
Oil is in **short** supply.	We're running **short** of oil.
Is there a **straight** road to Dover?	We're going **straight** to Dover.
This shirt is rather **tight.**	The shirt fits rather **tight** across the shoulders.
I pay a **weekly** rent of £8.	How much do you pay **weekly?**
Wide trousers are comfortable.	She opened the door **wide.**

4.2.4.2. Adjektiv und endungsloses Adverb mit verschiedener Bedeutung

Adjektiv	Adverb
A tennis court must have an **even** surface.	It was **even** later than we thought.
He is **ill** in bed.	We can **ill** afford a new car.
It was quite a **jolly** party.	He did **jolly** well in the exam.
It's a **just** reward for what you've done.	He's **just** arrived.
That's the **only** photo I have of him.	I've **only** got one photo of him.
She's **pretty** but stupid.	She's **pretty** stupid.
I was **right**.	I was **right** behind you.
They sat down at a **round** table.	He turned **round** in his chair.
This knife isn't **sharp** enough.	They arrived at six o'clock **sharp**.
The house was **still**.	The house was **still** unfurnished.
It's the **very** book I want.	It's a **very** good book.

4.2.5. Adjektiv und -ly-Adverb mit verschiedener Bedeutung

Adjektiv	Adverb
The lake is very **deep** here.	She was **deeply** hurt by his remark.
It's a **fair** compromise.	His English is now **fairly** fluent.
His pockets were **full** of money.	I **fully** understand your problem.
This is a **hard** problem to solve.	We **hardly** ever have any problems.
Your prices are rather **high**.	It's a **highly** successful book.
The plane was ten minutes **late**.	I haven't seen him **lately**.
You'll hear from us in the **near** future.	We lost **nearly** a hundred pounds.
Breakfast is **ready**.	They **readily** accepted the offer.
He left a **short** time ago.	He's to leave **shortly** for Europe.
The lake is a mile **wide**.	He has travelled **widely**.

4.2.6. Nebeneinander von zwei verschiedenen Adverbformen

Adverb ohne -ly	Adverb mit -ly
I bought it **cheap** at an auction.	He was thin and **cheaply** dressed.
She was **dead** tired.	It was a **deadly** dull party.
The victory has cost them **dear**.	It was a **dearly** bought victory.
They worked **deep** into the night.	The car sank **deeply** into the mud.
Does the train go there **direct**?	He stood **directly** in front of me.
I'll have to take things **easy** for a while.	Our service can **easily** be improved.
He doesn't always play **fair**.	He doesn't always act **fairly**.
I want the ham cut **fine**.	I want some **finely** cut ham.

He's brought some **fresh**-laid eggs.	The bench was **freshly** painted.
You know **full** well what I mean.	I **fully** understand your position.
They're **high**-paid specialists.	They're **highly** paid specialists.
Experienced campers travel **light**.	He took the bad news **lightly**.
The two men laughed out **loud**.	He **loudly** complained of the bad service.
They looked at the **new**-born baby.	He offered us a **newly** decorated room.
You must come here **quick**.	He **quickly** discovered what had gone wrong.
Did I guess **right**?	Did I understand you **rightly**?
Why don't you play it **safe**?	The damaged aircraft landed **safely**.
Drive **slow**.	He walked **slowly** down the road.
He was **sound** asleep.	He was sleeping **soundly**.
Don't slice the cheese too **thick**.	Don't spread the butter too **thickly**.
Shut the door **tight**.	He held her **tightly** by the arm.
You've done the work all **wrong**.	There are some **wrongly** spelt words in the text.

4.3. Schwierigkeiten der Unterscheidung zwischen Adjektiv und Adverb

a. The girl looked ⌐beautiful⌐ in her yellow evening dress.

b. The girl looked ⌐carefully⌐ through the papers.

In a und b stehen *beautiful* und *carefully* genau an der gleichen Stelle im Satz, nämlich nach dem Verb *looked*.   Der gedankliche Bezug jedoch ist in den beiden Sätzen verschieden: *beautiful* bezieht sich auf das Substantiv *girl*; *carefully* bezieht sich auf das Verb *looked*.   Dieser wichtige Unterschied wird auch durch die folgenden Beispiele veranschaulicht:

Adjektiv	Adverb
The man looked **suspicious** to the policeman.	The policeman looked **suspiciously** at the man.
The pudding came out too **sweet**.	The cake came out **splendidly**.
He painted the cupboard **white**.	He painted the cupboard **carefully**.
He smelt **unpleasant**.	He smelt **unpleasantly** of whisky.
The coffee tasted **strong**.	The salad tasted **strongly** of garlic.
He felt **drunk**.	He felt **drunkenly** for his keys.
He stood there, **embarrassed**.	He stood there **embarrassedly**.
He stared at her **speechless**.	He stared at her **speechlessly**.

4.4. Zur Stellung des Adverbs

(1) Im Englischen tritt das Adverb in der Regel nicht zwischen Verb und Objekt. Es steht statt dessen häufig vor dem Verb:

	Adverb	Verb	Objekt	
They	frequently	drink	tea.	sie trinken oft Tee

(2) Besteht der verbale Teil des Prädikats aus Hilfsverb + Hauptverb, so steht das Adverb häufig vor dem Hauptverb:

	Hilfsverb		Adverb	Hauptverb	Objekt
We	will		probably	take	the six o'clock train.
You	can		easily	solve	this problem.
	Doesn't	he	usually	teach	adults?

wir werden **wahrscheinlich** den Sechs-Uhr-Zug nehmen
Sie können dieses Problem **leicht** lösen
unterrichtet er (denn) nicht **meistens** Erwachsene?

(3) Besteht der verbale Teil des Prädikats aus Hilfsverb + Hilfsverb + Hauptverb, so steht das Adverb in der Regel vor dem zweiten Hilfsverb:

	Hilfsverb		Adverb	Hilfsverb	Hauptverb	Objekt
We	would		certainly	have	accepted	the offer.
	Couldn't	he	simply	have	bought	a new one?

wir hätten das Angebot **bestimmt** angenommen
hätte er nicht **einfach** ein neues kaufen können?

(4) Allerdings kann das Adverb auch – wie im Deutschen – am Satzende oder Satzanfang stehen:

She	told	the story	fairly	amusingly.	
He	did	the job	rather	carelessly.	
They	delivered	the goods		punctually.	
Naturally	they	rejected		his proposals.	
Occasionally	she	phoned		me	at home.
Unfortunately	they	didn't understand		my English.	

5. Die Pronomen

5.1. Die Personalpronomen

5.1.1. Formen

Subjektsform		Objektsform		
I	ich	he saw **me**	/he helped **me**	mich/mir
you	du, Sie, ihr	he saw **you**	/he helped **you**	dich, euch, Sie/dir, euch,
he	er	he saw **him**	/he helped **him**	ihn/ihm Ihnen
she	sie	he saw **her**	/he helped **her**	sie/ihr
it	es, er, sie	he saw **it**	/he helped **it**	es, ihn, sie/ihm, ihr
we	wir	he saw **us**	/he helped **us**	uns/uns
they	sie	he saw **them**	/he helped **them**	sie/ihnen

5.1.2. Gebrauch

5.1.2.1. Subjektsform oder Objektsform?

In Fällen wie den folgenden wird die Objektsform in der Umgangssprache der Subjektsform vorgezogen:

It's **me**/**him**/**her**/**us**/**them**.   ich bin's/er ist's/sie ist's ...
(*Aber meist:* It was **I**/**he**/**she** who did it.)
What would you do if you were **me**/**him**/**her**?   wenn du ich ... wärest
You're taller than **me**/**him**/**her**.   größer als ich/er/sie
(*Aber:* You're taller than **I** am/**he** is/**she** is.)

5.1.2.2. It

Who is **it**?   I don't know who **it** is.   **It** might be the postman.
If **it** hadn't been for you ...   wenn du nicht gewesen wärest
He made **it** quite clear that he didn't agree.
It's your father you should be grateful to.   (*betonend*:) deinem Vater

5.1.3. Entsprechungen von deutsch "man"

One/**You** can't be too careful.	man kann nicht vorsichtig genug sein
They/**People** say he was bribed.	man sagt, er sei bestochen worden
That sort of thing **isn't done**.	so etwas tut man nicht

5.1.4. Entsprechungen von deutsch "es" (vgl. 11.12)

There are many people like him.   es gibt viele Menschen wie ihn
There is no time to lose.   es ist keine Zeit zu verlieren
There is still a week to go until Christmas.   es ist noch eine Woche

She is disappointed and **so** am I.   und ich bin es auch
Persons entering this property do **so** at their own risk.   tun es auf eigene G.
She became his loyal friend and remained **so** to the end.   und blieb es
Have they arrived? – I believe/expect/ suppose **so**.   ich glaube ... es
Will he have to be operated on? – I don't think **so**.   ich glaube es nicht
Is he coming? – I hope **so**. (*Aber:* I hope not.)   ich hoffe es

That'll cost a lot of money. – **I know**.   ich weiß es
How much do they cost? – **I don't know**.   ich weiß es nicht
Can you explain it to me? – Well, **I'll try**.   ich werde es versuchen

5.2.   Die Possessivpronomen

5.2.1.   Formen

Adjektivisch (vor Substantiv)	Substantivisch (alleinstehend)
I have lost **my** way	your car is big and **mine** is small
you have lost **your** way	it's either my fault or **yours**
he has lost **his** way	these books are all **his**
she has lost **her** way	she's invited some friends of **hers**
it has lost **its** way	–
we have lost **our** way	the victory is **ours**
they have lost **their** way	our customs are not like **theirs**

5.2.2.   Gebrauch

5.2.2.1.   Die adjektivischen Possessivpronomen

I've broken **my** leg.   habe mir das Bein gebrochen
She cut **her** hand while washing up.   schnitt sich in die Hand
He had **his** hands in **his** pockets.   die Hände in den Taschen
She bumped **her** head when she fell.   stieß sich den Kopf
The dog had a bone between **its** teeth.   zwischen den Zähnen
We had **our** photos taken.   ließen uns fotografieren

(1) Das Possessivpronomen steht abweichend vom Deutschen bei Dingen, die eng zu einer Person gehören, also Körperteilen, Kleidungsstücken usw.

(2) In Fällen wie den folgenden hingegen steht wie im Deutschen der bestimmte Artikel und nicht das Possessivpronomen:

She touched	him	on	**the** arm.
He looked	me	full in	**the** face.
He kissed	her	on	**the** cheek.
He shot	himself	through	**the** head.

(3) Häufig wird das adjektivische Possessivpronomen in Verbindung mit *own* verwendet:

I want a room of **my own.**   ein eigenes Zimmer
The house is **our own.**   gehört uns selbst
He cooks **his own** meals.   kocht sich sein Essen selbst
I can find **my own** way.   kann den Weg selbst finden

(4) Der folgende Gebrauch des Possessivpronomens ist besonders in der Schriftsprache häufig anzutreffen (vgl. 6.11.7.1):
She was angry because of *my* being late.
They were surprised at *his* being chosen for the job.
That was the reason for *our* winning the game.
You are responsible for *their* getting into trouble.

5.2.2.2. Die substantivischen Possessivpronomen

This pen is **mine.**   gehört mir
She's a colleague of **his.**   eine Kollegin von ihm
I don't like that arrogant manner of **hers.**   diese arrogante Art von ihr
Ours is one of the best products on the market.   unseres ist
Yours sincerely,   (*Briefschluß*:) Ihr (sehr ergebener) / Dein
Yours faithfully, ⎱ (*Briefschluß*:)
Yours truly, ⎰ hochachtungsvoll / mit freundlichen Grüßen Ihr

Vergleichen Sie: a picture of *hers* (= belonging to her)
           a picture of *her* (= showing her)

5.3. Die -self-Pronomen

5.3.1. Formen

Rückbezüglich	Verstärkend
I helped **myself**	I couldn't do it **myself**
you talked about **yourself**	did you ask him **yourself**?
he looked at **himself**	he **himself** said so
she thinks too much of **herself**	she drove home by **herself**
the dog hurt **itself**	the house **itself** isn't bad
we defended **ourselves**	we saw it **ourselves**
you ought to be ashamed of **yourselves**	you know that **yourselves**
they oriented **themselves** quickly	they **themselves** are not to blame

5.3.2. Gebrauch der -self-Pronomen

5.3.2.1. "Rückbezüglicher" Gebrauch der -self-Pronomen (vgl. 11.35)

They enjoyed **themselves** at the party.
Try to behave **yourself** / control **yourself** / pull **yourself** together.
He helped **himself** to / got **himself** a drink.
She hurt/injured **herself**.

Die vorstehenden Beispiele sind typisch für den rückbezüglichen Gebrauch der -*self*-Pronomen.

Weitere Verben, die oft mit -*self*-Pronomen kombiniert werden, sind: *adjust oneself to something* (= sich einer Sache anpassen); *amuse oneself* (= sich amüsieren); *assert oneself* (= sich behaupten); *avail oneself of something* (= sich einer Sache bedienen); *concern oneself with something* (= sich mit etwas befassen); *convince oneself of something* (= sich von etwas überzeugen); *defend oneself* (= sich verteidigen); *devote oneself to something* (= sich einer Sache widmen); *distinguish oneself* (= sich auszeichnen); *express oneself* (= sich ausdrücken); *introduce oneself* (= sich vorstellen); *make oneself understood* (= sich verständlich machen); *pride oneself on something* (= sich einer Sache rühmen); *refresh oneself* (= sich erfrischen); *restrain oneself* (= sich zurückhalten); *revenge oneself* (= sich rächen); *rub oneself down* (= sich abtrocknen); *seat oneself* (= sich setzen); *support oneself* (= sich selbst ernähren).

Manche Verben werden ohne Bedeutungsveränderung sowohl mit als auch ohne -*self*-Pronomen gebraucht:

She will **adapt (herself)** / **adjust (herself)** to any situation.
That boy just won't **behave (himself)**.
He is **preparing (himself)** for the examination.

Häufig hat ein deutsches rückbezügliches Pronomen im Englischen keine Entsprechung:

The bill **amounts** to two hundred pounds.　　beläuft sich auf
I remember the incident.　　erinnere mich an

Weitere verbale Ausdrücke, die im Gegensatz zum Deutschen nicht mit einem rückbezüglichen Pronomen konstruiert werden, sind: *apologize* (= sich entschuldigen); *approach* (= sich nähern); *be afraid* (= sich fürchten); *be angry/annoyed* (= sich ärgern); *be ashamed* (= sich schämen); *be interested in* (= sich interessieren für); *be late* (= sich verspäten); *be pleased* (= sich freuen); *be surprised* (= sich wundern); *change* (= sich ändern); *complain* (= sich beschweren); *concentrate* (= sich konzentrieren); *deal with something* (= sich mit etwas befassen); *depend on somebody* (= sich auf jemanden verlassen); *develop* (= sich entwickeln); *dress* (= sich anziehen); *embrace* (= sich umarmen); *endeavour* (= sich bemühen); *expand* (= sich ausdehnen); *fall in love* (=sich verlieben); *feel well* (= sich wohl fühlen); *get accustomed/used to something* (= sich an etwas gewöhnen); *get excited* (= sich aufregen); *have a look at something* (= sich etwas anschauen); *hide* (= sich verstecken); *hurry* (= sich beeilen); *imagine something* (= sich etwas vorstellen); *improve* (= sich bessern); *inquire* (= sich erkundigen); *join somebody* (= sich jemandem anschließen); *lie down* (= sich hinlegen); *look after somebody* (= sich um jemanden kümmern); *make haste* (= sich beeilen); *make sure* (= sich vergewissern); *meet* (= sich treffen); *move* (= sich bewegen); *quarrel* (= sich streiten); *recover* (= sich erholen); *refuse* (= sich weigern); *rely on* (= sich verlassen auf); *separate* (= sich trennen); *shave* (= sich rasieren); *sit down* (= sich setzen); *specialize in* (= sich spezialisieren auf); *spread* (= sich ausbreiten); *turn round* (= sich umdrehen); *undress* (= sich ausziehen); *unite* (= sich vereinigen); *wash* (= sich waschen).

In Fällen wie den folgenden wird trotz Rückbeziehung auf das Subjekt meist das einfache Personalpronomen – und nicht das *-self*-Pronomen – gebraucht:

a. They looked	about	**them.**
b. Have you any money	on	**you?**
c. We have the whole day	before	**us.**
d. He closed the door	behind	**him.**
e. She pulled the blanket	over	**her.**

Während in den Beispielen a bis c der Rückbezug auf das Subjekt trotz Verwendung des Personalpronomens durch den Zusammenhang deutlich wird, könnte in d und e bei Fehlen entsprechender situativer Hinweise der Eindruck entstehen, daß mit *him* bzw. *her* nicht das Subjekt, sondern eine andere Person gemeint ist. Besteht die Gefahr eines solchen Mißverständnisses, so gebraucht man auch hier die *-self*-Pronomen:
He closed the door behind *himself.*
She pulled the blanket over *herself.*

5.3.2.2. "Verstärkender" Gebrauch der -self-Pronomen

I didn't see it **myself**.	ich habe es nicht selbst gesehen
I **myself** didn't see it.	ich selbst habe es nicht gesehen

He has a dog nearly as big as **himself**.	fast so groß wie er selbst
No one but **myself** knows anything about it.	niemand außer mir selbst
She couldn't believe that the person in the mirror was **herself**.	sie selbst
The children are constantly quarrelling among **themselves**.	untereinander

5.4. Die Interrogativpronomen

5.4.1. Formen

Subjektsform:	**Who** / **Whose** / **What** / **Which** was the best?
Objektsform:	**Who** (m) / **Whose** / **What** / **Which** did you like best?

5.4.2. Gebrauch

5.4.2.1. Who – whom

Who helped you?	wer half dir?
Who was talking to you?	wer redete mit dir?
Who were those people?	wer waren diese Leute?
He knows **who** sells these goods.	er weiß, wer diese Waren verkauft
We're talking about **who** is to do the washing-up.	
Who are you to condemn me?	

Who did you help?[1]	wem halfst du?
Who were you talking to?[2]	mit wem sprachst du?
He knows **who** these goods are sold by.[3]	von wem diese Ware verkauft wird
Who do you think I did this for?[4]	für wen glaubst du, habe ich das getan?
I invite **who** I like.[5]	ich lade ein, wen ich will
I dance with **who** I like.[6]	ich tanze, mit wem ich will

[1] Pedantisch-korrekt auch: *Whom did you help?*
[2] Pedantisch-korrekt auch: *To whom were you talking?*
[3] Pedantisch-korrekt auch: *He knows by whom these goods are sold.*
[4] Pedantisch-korrekt auch: *For whom do you think I did this?*
[5] Auch: *I invite whom I like.*
[6] Auch: *I dance with whom I like.*

5.4.2.2. Whose

Whose umbrella is this?   wessen Schirm ist das?
Whose is this umbrella?   wem gehört dieser Schirm?
Whose is this?   wem gehört das hier?
I don't know **whose** (umbrella) this is.   wem dieser (Schirm) gehört
Whose room are you staying in? ⎫
In **whose** room are you staying? ⎭   in wessen Zimmer wohnst du?

5.4.2.3. What

What is your problem?   was ist dein Problem?
What are your problems?   was sind deine Probleme?
What did he change?   was hat er verändert?
What changed him?   was hat ihn verändert?
What do you take me for?[1]   wofür halten Sie mich?
What did you do that for?[1]   wozu hast du denn das gemacht?
What are you looking for?[1]   was suchst du?
What are you talking about?[2]   wovon reden Sie?
What does he look like?   wie sieht er aus?
What is he like?   wie ist er denn so?
He didn't know **what** to say.   er wußte nicht, was er sagen sollte
What – no meat?   was – kein Fleisch?
I'll tell you **what** ...   ich will dir mal was sagen ...
What about a holiday?   wie wär's mit einem Urlaub?
What about taking a holiday?   wie wär's, wenn wir Urlaub machten?
What if I run away?   und wenn ich nun weglaufe?
What arrangements have been made?   was für Vorbereitungen
What kind/sort of people come here?   was für Leute
What a stupid idea (that was)!   was für eine blöde Idee (das doch war)!

[1] Nicht: *For what ...*
[2] Nicht: *About what ...*

5.4.2.4. Which

Which (dress) are you going to wear?   welches (Kleid)
Which (bed) did you sleep in?[1]   in welchem (Bett) hast du geschlafen?
Which (of these girls) is the prettiest?   welches (von diesen Mädchen)
Which (of these chairs) did he sit on?[2]   auf welchem (von diesen Stühlen)
Which of you know(s) the answer?   wer von euch weiß die Antwort?

[1] Auch: *In which (bed) did you sleep?*
[2] Auch: *On which (of these chairs) did he sit?*

5.5. Die Relativpronomen

Relativpronomen leiten Nebensätze ("Relativsätze", "Beifügungssätze") ein, die der näheren Bestimmung oder zusätzlichen Erläuterung von Wörtern oder Sätzen dienen.

Für den Gebrauch der Relativpronomen, die Kommasetzung und die Bemessung der Sprechpausen ist es von Bedeutung, ob ein Relativsatz für das Verständnis des Hauptsatzes *notwendig* oder *entbehrlich* ist:

a. The people **who live next door** have a poodle.
b. The Deans, **who live next door,** have a poodle.

c. The man **whose speech drew the most applause** wore a flower in his buttonhole.
d. The Chairman, **whose speech drew the most applause,** wore a flower in his buttonhole.

Die Sätze a und c wären ohne die Relativsätze informationsmäßig unvollständig:
The people have a poodle. – Welche Leute?
The man wore a flower in his buttonhole. – Welcher Mann?
In den Sätzen b und d hingegen enthält der Relativsatz lediglich eine zusätzliche Information, die für das Verständnis des Hauptsatzes nicht entscheidend ist. Beide Hauptsätze geben eine klare und vollständige Information:
The Deans have a poodle.
The Chairman wore a flower in his buttonhole.
Zu beachten ist, daß die entbehrlichen Relativsätze in b und d jeweils durch Kommas vom Hauptsatz abgehoben sind.   Beim Sprechen wird diese Abhebung durch Sprechpausen bewirkt.
Entbehrliche Relativsätze kommen fast ausschließlich in der Schriftsprache vor. Notwendige Relativsätze hingegen sind sowohl in der gesprochenen als auch in der geschriebenen Sprache außerordentlich häufig.

5.5.1. Who

a. He was one of those people **who** have not a single friend in the world.
b. Peter was the only person **who** understood.
c. He is the most wonderful person **who** ever lived.
d. It is you **who** are/is to blame, not me.
e. That's the gang **who** beat up that boy last week.
f. Brooks was among the few firms **who** opened branches in that area.
g. I shook hands with Pete and Ada Simon, **who** were old family friends.
h. Our dog, **who** has the same rights as every other member of the family, sleeps on the sofa in the living room.
i. One of Princess Anne's more frequent escorts was Sandy Harper, **who(m)** she had met at a polo match in which Prince Philip was playing.

Das Relativpronomen *who* steht mit Bezug auf Personen (a–d, g, i), Personengruppen (e, f) und personifizierte Tiere (h).
Who leitet sowohl notwendige (a–f) als auch entbehrliche (g–i) Relativsätze ein. In den allermeisten Fällen ist *who* das Subjekt des Verbs im Relativsatz (a–h). Gelegentlich wird *who* aber auch als Objektsform statt des üblicheren *whom* gebraucht (i).

5.5.2. Whom

a. The film was about a burglar **(whom)** the police had never caught.
b. It's not I **(whom)** she's after.
c. He had nobody to **whom** he could turn for help.
d. Bill Smith, **whom** I met in town yesterday, told me a different story.
e. They had five sons, four of **whom**/of **whom** four became lawyers.

Whom ist die Objektsform von *who*. Das Relativpronomen *whom* kommt im gesprochenen Englisch recht selten vor, weil es in notwendigen Relativsätzen (a–c) meist weggelassen wird und entbehrliche Relativsätze (d–e) in der gesprochenen Sprache unüblich sind.

5.5.3. Whose

a. That's the man **whose** dog bit me.
b. He worked in a stuffy little room **whose** walls were papered with posters.
c. She had expected something a little better than this mean, gloomy house, not one of **whose** windows was lighted.
d. Brahms, **whose** fourth symphony we have just been listening to, also wrote two fine piano concertos.

Das Relativpronomen *whose* steht mit Bezug auf Personen (a, d) und Sachen (b, c) in notwendigen (a, b) und in entbehrlichen (c, d) Relativsätzen.

5.5.4. Which

a. We'll take the train **which** gets to Glasgow at ten past five.
b. He read the books **(which)** his teacher recommended to him.
c. This is an offence for **which** you should be severely punished.
d. I can't count the nights in **which** I lay awake trying to figure this out.
e. The dog, **which** had been sleeping most of the time, suddenly barked.
f. He has recently written another book, the title of **which** escapes me.
g. He wrote eight novels, of **which** the last became the most famous.
h. Several girls laughed, **which** annoyed the teacher.   was den Lehrer ärgerte
i. His wife can't come, **which** is a pity.   was schade ist

Das Relativpronomen *which* steht mit Bezug auf Sachen (a–d, f, g) und nicht-personifizierte Tiere (e) und zwar sowohl in notwendigen (a–d) als auch in entbehrlichen (e–g) Relativsätzen.
Außer auf Einzelwörter (a–g) kann sich *which* auch auf Sätze beziehen (h, i).

5.5.5. That

a. They discussed the problem at a lunch **that** lasted until dinner.
b. You're the only one **that's** nice to me.
c. Is this one of the photos **(that)** you took last Sunday?
d. The man **(that)** you sent for has arrived.

Das Relativpronomen *that* steht mit Bezug auf Sachen (a, c) und – seltener – Personen (b, d). *That* wird fast ausschließlich zur Einleitung notwendiger Relativsätze (ohne Komma!) gebraucht. Meist steht es in Subjektposition (a, b). Einem *that* in Objektposition (c, d) wird die Kontaktkonstruktion ohne Relativpronomen (vgl. 5.5.6) vorgezogen. Eine etwa vorhandene Präposition kann nicht vor *that*, sondern nur am Ende des Relativsatzes (d) stehen.

5.5.6. Die Kontaktkonstruktion: Relativsätze ohne Relativpronomen

a. The places (that) **we visited** were crowded with tourists.
b. All (that) **a goose thinks about** is food.
c. The man (that) **I sold the armchair to** wanted it for his dog.

Notwendige Relativsätze, in denen das gleichfalls mögliche Relativpronomen in Objektposition stehen würde, werden vorzugsweise ohne Relativpronomen direkt an das Bezugswort angeschlossen.

5.5.7. Vergleichende Übersicht alternativer Relativkonstruktionen

You're the most conceited man **who ever lived**!
You're the most conceited man **that ever lived**!

The people **I work with** are all very nice.
The people **that I work with** are all very nice.
The people **with whom I work** are all very nice.

The model **that impressed me most** was the "Pioneer 75".
The model **which impressed me most** was the "Pioneer 75".

The music **you're listening to** is by Gershwin.
The music **that you're listening to** is by Gershwin.
The music **which you're listening to** is by Gershwin.
The music **to which you're listening** is by Gershwin.

6. Das Verb

6.1. Das Präsens

6.1.1. Die -s-Form

he she it	a. **answers** every question b. **looks** like a ghost c. **causes** a lot of trouble d. **discusses** all sorts of problems e. **satisfies** everybody f. **does** a lot of good	answer – answers [z] look – looks [s] cause – causes [iz] discuss – discusses [iz] satisfy – satisfies [z] do – does [dʌz]

a. Die mit *he/she/it* oder Singularsubstantiven stehende -*s*-Endung des Verbs wird in den meisten Fällen [z] gesprochen: *arrive/s, boil/s, explain/s, read/s*.

b. Nach [t], [k], [p] und [f] wird die -*s*-Endung [s] gesprochen: *connect/s, drink/s, jump/s, laugh/s*.

c. Verben, die auf stummes -*e* mit vorhergehendem [z], [s] oder [dʒ] enden, hängen -*s* an, das zusammen mit dem vorausgehenden -*e*- [iz] gesprochen wird: *lose/s, notice/s, change/s*.

d. Verben, die auf -*ss*, -*ch*, -*sh* oder -*x* enden, hängen -*es* [iz] an: *express/es, fetch/es, finish/es, mix/es*.

e. Verben auf -*y* haben -*ies*, wenn dem -*y* nicht ein -*a*-, -*e*-, -*o*- oder -*u*- vorausgeht: *apply – applies, carry – carries, study – studies*; aber: *destroy – destroys, obey – obeys, pay – pays*.

f. Sonderfälle sind: *do* [du:] – *does* [dʌz], *go* [gəu] – *goes* [gəuz], *have – has*, *say* [sei] – *says* [sez].

6.1.2. Gebrauch des Präsens

a. She **teaches** at the University.
b. I never **watch** television.
c. He **plays** tennis every Saturday morning.

d. The early bird **catches** the worm.
e. Clever people never **listen,** and stupid people never **talk.** (O. Wilde)
f. A woman **forgives** only when she is in the wrong.

g. The poll **gives** the Republican candidate a 39 per cent lead.
h. This plan **admits** no delays.

i. Mannix **passes** the ball to Bradley, and Bradley **scores**!!!
j. Here **comes** / There **goes** my bus.

---

k. I **wish** you were here.   ich wünschte, du wärest hier
l. I **wish** I could help you.   ich wünschte, ich könnte dir helfen

---

m. We **meet** again next Monday at the same time.
n. He **leaves** for London tomorrow.

---

o. If you **take** your holiday in September, it will be cheaper.
p. We can't go swimming unless the weather **gets** warmer.
q. I'll tell him when he **comes**.

---

r. I hope you **get** well soon.

Das Präsens steht zum Ausdruck von Gewohnheitshandlungen (a–c) und "zeitlos" gemeinten allgemeinen Feststellungen (d–f).   Das Präsens wird weiterhin gebraucht, wenn ein Sachverhalt ohne Betonung des Andauerns oder Ablaufens einfach als Tatsache festgestellt wird (g–h) oder wenn eine Augenblickshandlung reportagemäßig beschrieben (i) oder ausrufartig kommentiert wird (j).

Beachtung verdient der im Gegensatz zum Deutschen stehende Gebrauch des Präsens in k und l.

Die Sätze m und n illustrieren den Gebrauch des Präsens zum Ausdruck einer "planmäßig" für die Zukunft vorgesehenen Handlung.   Voraussetzung ist allerdings das Vorhandensein einer Zeitbestimmung der Zukunft (hier: *next Monday*, *tomorrow*). (Vgl. 6.6.5.)

In Nebensätzen mit *if, unless, when, after, before, as soon as* usw. steht das Verb trotz Zukunftsbezuges im Präsens (o–q).

Auch nach *hope* steht bei Zukunftsbezug häufig das Präsens (r).

6.2.   Das Präteritum

6.2.1.   Die -ed-Form

-ed = [d]	-ed = [t]	-ed = [id]
a. answer – answered perform – performed play – played	b. ask – asked push – pushed develop – developed	c. act – acted print – printed avoid – avoided mend – mended

a. Bei den meisten Verben wird die *-ed*-Endung [d] gesprochen.
b. Nach den Lauten [f], [k], [p], [s] und [ʃ] wird die *-ed*-Endung [t] gesprochen.
c. Nach *-t-* und *-d-* wird die *-ed*-Endung [id] gesprochen.

Schreibregeln:

Verben auf stummes -e und Doppel-e	Verben auf -y	Verdopplung des Endbuchstabens
d. describe – described escape – escaped guide – guided translate – translated agree – agreed	e. apply – applied hurry – hurried f. stay – stayed obey – obeyed enjoy – enjoyed	g. stop – stopped plan – planned rob – robbed h. develop – developed frighten – frightened

d. Stummes -e am Wortende entfällt beim Anhängen der -ed-Endung. (Vgl. 6.11.1.b.) An Verben auf -ee wird -d angehängt.

e–f. -y am Wortende wird beim Anhängen der -ed-Endung zu -i-, wenn dem -y nicht ein -a-, -e- oder -o- vorausgeht.

g–h. Die Endbuchstaben -b, -d, -g, -m, -n, -p, -s, -t werden nach kurzem, betontem Selbstlaut meistens verdoppelt. (Vgl. 6.11.1.c.)

Auslautendes -l wird im britischen Englisch bei mehrsilbigen Verben meistens verdoppelt: *dial – dialled, cancel – cancelled, travel – travelled, compel – compelled, control – controlled.*   Aber: *reveal – revealed.*   (Vgl. 6.11.1.d.)

6.2.2. Das Präteritum der unregelmäßigen Verben

Die unregelmäßigen Verben bilden das Präteritum in aller Regel nicht mit -ed. Die Vergangenheitsformen dieser Verben sind aus der Tabelle auf den Seiten 131–133 ersichtlich.

6.2.3. Gebrauch des Präteritums

Your letter **arrived** yesterday.	ist gestern angekommen
When **did** you last see him?	wann hast du ihn das letzte Mal gesehen?

In Verbindung mit Zeitbestimmungen der Vergangenheit (*yesterday, last Monday, five days ago* usw.) kann im Englischen nur das Präteritum (und nicht das im Deutschen mögliche Perfekt!) stehen.   Entsprechendes gilt für Fragewörter wie *when?* und *where?*, wenn sie auf die Vergangenheit bezogen sind.

Bell **invented** the telephone.	hat das Telefon erfunden
Did Brahms also write an opera?	hat Brahms auch eine Oper geschrieben?

Auch wenn der Satz nicht ausdrücklich eine Zeitbestimmung der Vergangenheit enthält, muß im Gegensatz zum Deutschen das Präteritum stehen, sofern aus dem Sinnzusammenhang hervorgeht, daß die Handlung einem bestimmten Zeitpunkt oder Zeitraum in der Vergangenheit zuzuordnen ist.

a. Fire **broke out** aboard a British oil tanker in Hamburg today.
b. I **have** not **seen** him today.

c. She **didn't phone** this week.
d. She **hasn't phoned** this week.

Mit Zeitbestimmungen wie *today*, *this week* und *this month* kann grundsätzlich sowohl das Präteritum als auch das Perfekt gebraucht werden.   Hier wählt man das Präteritum, wenn man an einen vergangenen Zeitpunkt innerhalb der noch andauernden Zeitspanne denkt (a, c).   Dem Perfekt hingegen gibt man den Vorzug, wenn sich die Aussage auf den ganzen, bis an die Gegenwart heranreichenden Zeitraum bezieht (b, d).

Bei Zeitbestimmungen wie *this morning*, *this afternoon* und *this summer* hängt die Wahl der Zeitform auch davon ab, ob es noch Vormittag, Nachmittag, Sommer usw. ist:
(Said at 11 a.m.:) I*'ve been* to the doctor this morning.
(Said at 3 p.m.:) I *went* to the doctor this morning.
(Said in August:) We*'ve been* to the seaside several times this summer.
(Said in November:) We *went* to the seaside several times this summer.

Abweichend vom Deutschen steht das Präteritum noch in folgenden Fällen:

It's time we **went** to bed.	es ist Zeit, daß wir ins Bett gehen
It's time I **was** getting back.	es ist Zeit, daß ich zurückgehe
I wish I **had** a dog too.	ich wünschte, ich hätte auch einen Hund

6.3. Das Perfekt

Das Perfekt steht im Englischen sowohl für bereits abgeschlossene Handlungen (*I* have done *my best* = *ich* habe *mein Bestes* getan) als auch für Handlungen, die aus der Vergangenheit bis in die Gegenwart reichen (*I* have known *him for seven years* = *ich* kenne *ihn seit sieben Jahren*).

6.3.1. Das Perfekt für abgeschlossene Handlungen

I **haven't read** the book.	ich habe das Buch nicht gelesen
Why **has** the light **gone out**?	warum ist das Licht ausgegangen?
I've **written** to him several times.	ich habe mehrmals an ihn geschrieben
This **has** never **happened** before.	das ist noch nie vorher passiert

Ausgeschlossen ist der Gebrauch des Perfekts, wenn aus dem Satz oder aus dem Sinnzusammenhang hervorgeht, *wann in der Vergangenheit* die Handlung stattgefunden hat.   Beachten Sie den Unterschied:

Bill **has written** her a letter.	(*Perfekt*)
Bill **wrote** her a letter yesterday.	(*Präteritum*)

I **have been** to London.	(*Perfekt*)
I **was** in London six weeks ago.	(*Präteritum*)

We **have bought** a new car.	(*Perfekt*)
We **bought** a new car last year.	(*Präteritum*)

Yesterday, six weeks ago, last year, this morning (wenn der Vormittag bereits vorüber ist), *in 1965* usw. sind Zeitbestimmungen der Vergangenheit, die den Gebrauch des Perfekts unmöglich machen.

Where **have** you just **come** from?	wo kommst du gerade her?
We've **had** a few thefts lately.	hatten in letzter Zeit einige Diebstähle
We **have** recently **opened** another branch.	haben vor kurzem eine weitere Filiale eröffnet

Have you already **seen** this?	hast du das hier schon gesehen?
I've never **seen** this before.	habe das noch nie vorher gesehen
Have you ever **been** to the south coast?	bist du schon mal an der Südküste gewesen?

Mit Adverbien wie *just, lately, recently, already, before* und *(n)ever* steht in Fällen wie den vorstehenden meist das Perfekt.   Aber auch das Präteritum ist – besonders im amerikanischen Englisch – keinesfalls unüblich: *Where* did *you just come from? We* had *a few thefts lately.* Did *you already see this?* usw.
(Zum Gebrauch des Perfekts mit Zeitbestimmungen wie *today, this week, this morning, this summer, this afternoon* usw. vgl. 6.2.3.)

6.3.2. Das Perfekt für in die Gegenwart reichende Handlungen

How long **have** you **been** married?	wie lange sind Sie schon verheiratet?
We've **been** married (for) six years (now).	wir sind jetzt seit sechs Jahren verheiratet
Have you **lived** here long?	wohnst du hier schon lange?
I've **known** her since she was ten.	ich kenne sie schon seit ihrem zehnten Lebensjahr

In Sätzen dieses Typs steht das Perfekt für Handlungen, die aus der Vergangenheit in die Gegenwart reichen.   Da das Deutsche in diesen Fällen das Präsens benutzt, muß der Lernende sich den stark abweichenden englischen Sprachgebrauch besonders nachdrücklich einprägen.

Zu beachten ist auch, daß dem deutschen *seit* im Englischen manchmal *since* und manchmal *for* entspricht:

I've been here **since** two o'clock / **for** two hours.
We've had this car **since** 1970 / **for** three years.
She's known him ever **since** she came back from abroad.
She's known him **for** a long time.

Since bezeichnet den *Beginn* der Handlung, bezieht sich also auf einen Zeit*punkt*. *For* bezeichnet die *Dauer* der Handlung, bezieht sich also auf einen Zeit*raum*.

6.4. Das Plusquamperfekt

a. She found the place easily because she **had been** there before.
   weil sie schon früher einmal da gewesen war
b. She **had** just **gone** to bed when the phone rang.
   war gerade ins Bett gegangen
c. He had the face of a man who **had stopped** worrying about things a long time ago.   der schon vor langer Zeit aufgehört hatte

d. By the time he died, he **had lived** in Boston for forty-one years.
   hatte er in Boston einundvierzig Jahre gewohnt
e. They **had known** each other for five years when they got married.
   sie kannten sich bereits fünf Jahre, als sie heirateten

Das Plusquamperfekt steht für Handlungen, die bereits vor einem bestimmten Zeitpunkt in der Vergangenheit abgeschlossen waren (a–c), und für Handlungen, die bis an einen bestimmten Zeitpunkt in der Vergangenheit heranreichen (d–e).
Ist ein Mißverstehen der zeitlichen Beziehungen ausgeschlossen, so steht statt des Plusquamperfekts auch häufig das Präteritum:
I rang her immediately after we arrived (*statt*: had arrived) home.
   sofort nachdem wir nach Hause gekommen waren

6.5. Die Verlaufsform

6.5.1. Grundsätzliches zum Gebrauch der Verlaufsform

Verlaufsform	Einfache Form
What **are** you **reading**? (*"jetzt gerade"*)	What **do** you **read**? (*"normalerweise"*)
We're **eating** a lot of meat. (*"zur Zeit gerade"*, *"vorübergehend"*)	We **eat** a lot of meat. (*"allgemein"*, *"für gewöhnlich"*)
They **were living** in Paris. (*"damals gerade"*)	They **lived** in Paris. (*"immer"*)

I **was writing** letters. (*betont wird der* "*Vorgang*") I've **been reading** the report. ("*habe darin gelesen*") We've **been discussing** this question. ("*bis jetzt*")	I **wrote** five letters. (*betont wird das* "*Resultat*") I've **read** the report. ("*kenne ihn*") We've **discussed** this question. ("*Diskussion abgeschlossen*")

Die Verlaufsform lenkt die Aufmerksamkeit auf den momentanen Verlauf der Handlung, sie beschreibt das Geschehen als "gerade ablaufend", "noch andauernd", "vorübergehend", "noch nicht abgeschlossen", "vorläufig".

Die einfache Form hingegen bezeichnet eine Handlung, eine Tätigkeit, eine Gewohnheit, einen Zustand usw., ohne den eigentlichen Verlauf zu einem bestimmten Zeitpunkt zu betonen.

6.5.2. Weitere Beispiele zum Gebrauch der Verlaufsform

a. What *is* he *doing*? ("*was macht er gerade?*")
   What *does* he *do*? ("*was ist sein Beruf?*")

b. He*'s living* in Hull now. (*Unterton:* "*vorübergehend*")
   He *lives* in Hull now. (*Unterton:* "*endgültig, permanent*")

c. We*'re dining* out this week. ("*vorübergehende Regelung*")
   We usually *dine* at home. ("*ständige Gewohnheit*")

d. *Am* I *boring / disturbing / interrupting* you? ("*jetzt gerade*")
   I *don't bore / disturb / interrupt* you often, do I? ("*normalerweise*")

e. What *are* you *thinking* about? ("*woran denkst du?*")
   What *do* you *think*? ("*was meinst du?*")

f. You*'re being* very generous. ("*jetzt, in diesem speziellen Fall*")
   You*'re* very generous. ("*ganz allgemein, ein großzügiger Mensch*")

g. I *was* just *finishing* the sandwiches when I *heard* the rattle of a key in the lock, and a minute later my mother *came* in.

h. When I saw them, they *were running* away. ("*als ich sie sah, waren sie am Weglaufen*")
   When I saw them, they *ran* away. ("*als ich sie sah, liefen sie weg*")

i. The new model *has been selling* well. ("*bis jetzt, es ist noch nicht ausverkauft*")
   The new model *has sold* well. ("*es ist ausverkauft*")

j. Who *has been smoking* my cigarettes? ("*es fehlen welche*")
   Who *has smoked* my cigarettes? ("*sie sind alle*")

6.5.3. Die Verlaufsform mit always, for ever, continually usw.

Die Verlaufsform steht auch mit Adverbien wie *always, constantly, continually, for ever* und *perpetually.* Dieser Gebrauch der Verlaufsform gibt der Aussage in der Regel eine starke persönlich-gefühlsmäßige Färbung. Meist schwingt ein Unterton von Verärgerung, Mißfallen oder Vorwurf mit. Vergleichen Sie:

My husband **is** always **working**. (*gefühlsbetont:*) arbeitet aber auch immer!
My husband always **works** until six o'clock.
(*sachlich:*) arbeitet immer bis sechs Uhr

She **is** constantly **changing** her plans.
(*gefühlsbetont:*) ändert aber auch dauernd ihre Pläne!
The temperature **changes** constantly.   (*sachlich:*) ändert sich ständig

---

Weitere Beispiele:
He*'s* always *poking* his nose into other people's affairs.
She*'s* constantly *nagging* at me.   sie nörgelt aber auch dauernd an mir herum!
I*'m* perpetually *catching* colds.   ich kriege aber auch ewig Erkältungen!

6.5.4. Verben, die normalerweise nicht in der Verlaufsform stehen

Verben, deren Bedeutung nicht die Vorstellung eines "momentanen Verlaufes" oder "vorübergehenden Geschehens" zuläßt, werden naturgemäß nicht in der Verlaufsform gebraucht. Vergleichen Sie:

He **owns** a big house in the country.
He **is building** a big house in the country.

He **heard** a noise.
He **was listening** to a concert.

How long **have** you **known** this?
How long **have** you **been doing** this?

Zu den Verben, die normalerweise nicht in der Verlaufsform vorkommen, gehören: *astonish, believe, belong to, consist of, contain, doubt, know, owe, own, possess, prefer, remain, seem.*
Ob ein Verb in der Verlaufsform gebraucht werden kann, hängt von der Bedeutung des Verbs im konkreten Einzelfall ab:
He *had* (= hatte) a cigarette.
He *was having* (= rauchte gerade) a cigarette.
The soup seems to *taste* (= schmecken) good.
She seems to *be tasting* (= probieren) the soup.

6.6. Die Zukunftsformen

Das Englische hat im wesentlichen fünf Möglichkeiten, um auszudrücken, daß eine Handlung in der Zukunft stattfinden wird:
a. *Will / shall:* We *will* / We *shall* / We'*ll see* them tomorrow.
b. *Going to:* We *are going to see* them tomorrow.
c. Verlaufsform des Präsens: We *are* / We'*re seeing* them tomorrow.
d. *Will / shall* + *be* + *-ing*-Form: We *will* / We *shall* / We'*ll be seeing* them tomorrow.
e. Einfache Form des Präsens: We *see* them tomorrow.

6.6.1. Will/shall zum Ausdruck der Zukunft

a. No doubt we **will**/we **shall**/we'll all meet again some time.
  ohne Zweifel sehen wir uns alle einmal wieder
b. "I expect I **will**/I **shall**/I'll go to sleep on the train."
  "Oh forget the train. I **will**/I **shall**/I'll drive you home."
  ich fahre dich nach Hause
c. **Will** I see you tomorrow?   sehe ich dich morgen?
d. What **will** we have for dinner?   was gibt's zu Mittag?
e. Are you coming voluntarily, or **will**/**shall** I have to force you?
  kommst du freiwillig, oder muß ich dich zwingen?
f. I'm sure next year's results **won't** be any better.
  sicher sind die Ergebnisse nächstes Jahr auch nicht besser
g. If the fog gets any thicker, all flights **will** be cancelled.
  werden alle Flüge ausfallen
h. He **will**/He'll leave as soon as he gets his visa.
  er fährt ab, sobald er sein Visum bekommt
i. My wife **will** phone you when she comes back/before she leaves.
  ruft Sie an, wenn sie zurückkommt/bevor sie abfährt
j. The performance **won't** start till/until the Queen arrives.
  fängt erst an, wenn die Königin eintrifft
k. By the time you get back, I **will**/I **shall** have gone.
  bis du zurückkommst, werde ich weg sein

Will/shall ist eine allgemeine, "neutrale" Zukunftsform, die weder Absicht, noch Gewißheit, noch Planung betont.   Der Gebrauch von *will* unterliegt im Vergleich zu allen anderen Zukunftsformen den wenigsten Einschränkungen.   Vom Standpunkt des Englischlernenden aus kann *will* deshalb als eine "Universalform" zum Ausdruck der Zukunft bezeichnet werden.

Für den Gebrauch der *will/shall*-Zukunft ist folgendes zu beachten:

(1) Während *will* in allen Personen ohne jede Einschränkung verwendbar ist (a–k), kann *shall* nur bei *I* und *we* benutzt werden (a, b, e, k).   In Fragesätzen vom Typ c und d empfiehlt sich der Gebrauch von *shall* auch mit *I* und *we* nicht, da *shall I . . . ?* und *shall we . . . ?* hier als *soll ich . . . ?* bzw. *sollen/wollen wir . . . ?* mißverstanden werden können.

(2) Im Deutschen werden zukünftige Handlungen häufig durch das Präsens ausgedrückt.   Im Englischen ist dies seltener der Fall (vgl. aber 6.6.3 und 6.6.5).   So ist zum Beispiel in den englischen Sätzen a, b, f, h und i der Gebrauch der Zukunftsformen zwingend, während in den deutschen Entsprechungen das Präsens gebräuchlicher ist.

(3) In Nebensätzen, die wie in g–k mit *if, as soon as, when, before, till, until* oder *by the time* eingeleitet werden, steht trotz des Zukunftsbezuges das Präsens.

6.6.2. Going to zum Ausdruck der Zukunft

a. I'm **going to** buy a quiet house in the country.   ich werde ... kaufen
b. I'm not **going to** marry you, Jack.   ich werde dich nicht heiraten
c. When **are** you **going to** do your shopping?   wann wirst du ... machen?

---

d. While we sit here arguing whether hunger exists or not, children **are going to** die.   werden Kinder sterben
e. It's not **going to** be a private conversation.   es wird keine ... werden

Durch den Gebrauch von *going to* wird die gegenwärtige Absicht bzw. Entschlossenheit betont (a–c).
Mit *going to* kann aber auch die gegenwärtige Gewißheit über das Eintreten eines zukünftigen Geschehnisses zum Ausdruck gebracht werden (d–e).

Zu beachten ist auch der Gebrauch von *was/were going to*:
You *were going to* tell us what happened.   Sie wollten uns doch (gerade) erzählen
I *was going to* give it to you last night, but I didn't see you.
     ich wollte es dir gestern abend geben, aber ich habe dich nicht gesehen

Auch in *if*-Sätzen kommt *going to* vor:
If we're *going to* hire a secretary, we might as well have an attractive one.
     wenn wir schon eine Sekretärin einstellen wollen, dann ...
If you're *going to* be disgusting, leave the room!   wenn du widerlich sein willst

Die Verbindungen *going to come* und *going to go* werden meist vermieden. Statt dessen gebraucht man die Verlaufsform oder eine andere Zukunftsform: *He's coming tomorrow. I'm going to London next week.* (Vgl. 6.6.3.)

6.6.3. Die Verlaufsform des Präsens zum Ausdruck der Zukunft

a. I'm **flying** to Rome this evening.   ich fliege heute abend nach Rom
b. When **are** you **leaving**?   wann fährst/fliegst/reist du ab?
c. John **is going** to a concert tomorrow.   geht morgen in ein Konzert
d. The bar **is closing** in a few minutes.   macht in ein paar Minuten zu
e. My daughter **is getting** married in January.   heiratet im Januar

---

f. We're **going** for a walk. **Are** you **coming** with us?   kommst du mit?
g. The train **isn't stopping** at Bletchley.   hält nicht in Bletchley

Durch die Verlaufsform des Präsens wird in der Regel ausgedrückt, daß eine Handlung fest für die Zukunft vorgesehen ist.   Während also die *going to*-Form Absicht oder Gewißheit betont, deutet die Verlaufsform an, daß die Handlung auf Grund einer in der Gegenwart bereits bestehenden Regelung stattfinden wird.
Vergleichen Sie:
I'm *visiting* them next week. ("*das ist so vorgesehen*")
I'm *going to visit* them next week. ("*ich habe jetzt die Absicht*")

Zur Verdeutlichung des Zukunftsbezuges ist die Verlaufsform meist von einer entsprechenden Zeitbestimmung begleitet (a–e): *this evening, tomorrow, in a few minutes, in January.* Auch das Fragewort *when?* oder ein Ausdruck wie *at what time?* oder *how long?* kann den Zukunftsbezug unmißverständlich herstellen. Geht der Zukunftsbezug eindeutig aus der Situation oder dem Sinnzusammenhang hervor, so kann die Verlaufsform auch ohne Zeitangabe zum Ausdruck der Zukunft verwendet werden (f–g).

6.6.4. Will/shall + be + -ing-Form zum Ausdruck der Zukunft

a. This time next week we **will**/we **shall**/**we'll be sunbathing** in Tenerife.
um diese Zeit werden wir nächste Woche in Teneriffa sonnenbaden

b. I **will**/I **shall**/**I'll be leaving** for Japan the day after tomorrow.
c. They **will**/**They'll be staying** at the Queen's Hotel as usual.
d. The Headmaster **will be retiring** next July.
der Direktor tritt nächsten Juli in den Ruhestand

e. **Will** you **be travelling** by car or by train?
f. Who **will** you **be meeting** this afternoon?
wen treffen Sie heute nachmittag? wen werden Sie heute nachm. treffen?

Will/shall + be + -ing-Form steht für Handlungen, die zu einem bestimmten zukünftigen Zeitpunkt gerade im Ablauf begriffen sein werden (a), sowie für Handlungen, die voraussichtlich in der Zukunft eintreten werden (b–d). Fragen nach den künftigen Handlungen anderer Personen werden durch den Gebrauch von *will/shall + be + -ing*-Form höflicher, distanzierter und weniger direkt (e–f). Vergleichen Sie:
When *are* we *having* breakfast, Mother?
When *will* you *be having* breakfast, madam?

Auch zwischen einfachem *will* und *will + be + -ing*-Form besteht in *you*-Fragen manchmal ein beachtenswerter Unterschied:
Will you *come* with us? (*einladend:*) willst du (nicht) mitkommen?
Will you *be coming* with us? (*sachlich:*) kommst du (eigentlich) mit?

6.6.5. Das einfache Präsens zum Ausdruck der Zukunft

a. The next train **goes** at ten twenty-two.
b. The International Book Fair **opens** in Frankfurt next week.
c. "You're sacked," he said. "You **leave** at the end of the week."
d. When **does** the show begin?

e. I hope she **gets** well soon.
f. I hope you **enjoy** the performance.

Das einfache Präsens wird nicht so häufig zum Ausdruck zukünftiger Handlungen benutzt wie die in 6.6.1–6.6.4 behandelten Zukunftsformen. Durch die einfache Form des Präsens werden in der Regel zukünftige Handlungen ausgedrückt, die auf Grund eines Fahrplans, eines festgelegten Programms, einer getroffenen Vereinbarung oder einer offiziellen Regelung eintreten werden (a–d). Zur Verdeutlichung des Zukunftsbezuges muß fast immer eine Zeitangabe der Zukunft (*at ten twenty-two, next week, at the end of the week* usw.) oder ein Frageausdruck (*when? at what time?* usw.) vorhanden sein.

Zu beachten ist, daß nach *hope* nicht nur die *will/shall*-Zukunft, sondern auch das Präsens stehen kann (e–f).

Zum Gebrauch des Präsens in zukunftsbezogenen Nebensätzen mit *if, as soon as, when, before, till, until* und *by the time* vgl. 6.6.1.(3).

6.7. Bedingungsformen und Bedingungssätze

Grundsätzlich gibt es drei Typen von Bedingungssätzen:

Typ 1

If-Satz: Präsens	Hauptsatz: will/can/usw. + Infinitiv
If he **misses** the bus, wenn er den Bus verpaßt,	he **will/can take** a taxi. wird/kann er eine Taxe nehmen

Typ 2

If-Satz: Präteritum	Hauptsatz: would/could/usw. + Infinitiv
If he **missed** the bus, wenn er den Bus verpaßte,	he **would/could take** a taxi. würde/könnte er eine Taxe nehmen

Typ 3

If-Satz: had + Part. Perfekt	Hauptsatz: would/usw. have + Part. Perf.
If he **had missed** the bus, wenn er den Bus verpaßt hätte,	he **would/could have taken** a taxi. hätte er eine Taxe genommen / hätte er eine Taxe nehmen können

Gelegentlich werden die einzelnen Typen auch vermischt gebraucht:
I *wouldn't like* to be in your shoes (*Typ 2*) if my father *comes* round (*Typ 1*).
If we *had* a larger house (*Typ 2*), we *could have invited* more people (*Typ 3*).
If they *weren't* such a perfect team (*Typ 2*), they *would have lost* the match (*Typ 3*).
He *might* still *be* alive (*Typ 2*) if he *had gone* to the doctor sooner (*Typ 3*).

6.7.1. Bedingungssätze vom Typ 1

a. If I **need** money, I **will/shall/can/may/must/ought to/should/could/might** get it from the bank.
b. They **won't** hire you if you **don't/can't** speak English.
c. **Unless** these restrictions **are** removed,/**If** these restrictions **are** not removed, the problem **will** not **be** solved.
d. **You'll get** the order provided (that) you **can deliver** within two weeks.

(1) Kennzeichnend für diese Art von Bedingungssatz ist, daß die Bedingung, von der das Eintreten der Handlung abhängig gemacht wird, nach Meinung des Sprechers erfüllbar ist: "Wenn (jetzt oder in Zukunft) eine bestimmte Voraussetzung gegeben ist, dann wird/kann/muß/sollte/könnte dieses oder jenes die Folge sein."

(2) Der die Bedingung ausdrückende Nebensatz wird meist durch *if* (= wenn; falls), manchmal aber auch durch *unless* (= wenn ... nicht), *provided (that)* (= vorausgesetzt, daß) oder einen anderen Ausdruck eingeleitet.

(3) Der durch *if, unless, provided* usw. eingeleitete Nebensatz kann vor (a, c) oder nach (b, d) dem Hauptsatz stehen. Nur wenn der Nebensatz vorangestellt ist, wird er vom Hauptsatz in der Regel durch ein Komma abgesetzt (a, c).

(4) Im Nebensatz steht in der Regel keine Zukunftsform. Ein im *if*-Satz vorkommendes *will* drückt normalerweise nicht Zukünftigkeit, sondern eine der anderen Bedeutungen von *will* (vgl. 6.24) aus:
If you'*ll* do that, I'll be very grateful.   (*will* = "höfliche Bitte")
If we *will* all do our best, we shall succeed.   (*will* = "Bereitwilligkeit")
If you *will* make a fool of yourself, I can't stop you.   (*will* = "hartnäckige Entschlossenheit")

6.7.2. Bedingungssätze vom Typ 2

a. If they **needed** money, they **would/could/might** get it from the bank.
   wenn sie Geld benötigten, würden/könnten sie es von der Bank bekommen
b. The book **would be** better if it **was/were** shorter.
   das Buch wäre besser, wenn es kürzer wäre
c. If I **was/were** an Englishman, my English **would be** better.
   wenn ich Engländer wäre, wäre mein Englisch besser
d. If I **were** you, **I'd be** more careful.
   wenn ich du wäre, wäre ich vorsichtiger
e. If we **had** television, we **would have** less time for reading.
   wenn wir Fernsehen hätten, hätten wir weniger Zeit zum Lesen
f. Suppose/Supposing you **had** a lot of money, how **would** you **invest** it?
   angenommen, Sie hätten viel Geld, wie würden Sie es anlegen?
g. If I **should die,**/If I **were to die,** my family **would** not **have** to starve.
   wenn ich sterben sollte, brauchte meine Familie nicht zu hungern

(1) Bedingungssätze vom Typ 2 können sich entweder auf die Gegenwart (b–f) oder auf die Zukunft (a, g) beziehen. Beziehen sie sich auf die Gegenwart, so ist die Bedingung unerfüllbar (*If I was a hen, I would lay an egg every day.*). Beziehen sie sich auf die Zukunft, so wird die Bedingung als grundsätzlich erfüllbar angesehen (*If you went to London, you could feed the pigeons in Trafalgar Square.*).

(2) Der die Bedingung ausdrückende Nebensatz wird auch bei diesem Typ von Bedingungssatz meist durch *if* (a–e, g), manchmal durch *suppose / supposing* (f) und seltener durch *unless* oder einen anderen Ausdruck eingeleitet (vgl. 6.7.1.(2)).

(3) Zur Kommasetzung vgl. 6.7.1.(3).

(4) Mit *I* und *we* kann in der Bedeutung *würde* statt *would* oder *'d* auch das "pedantisch-richtige" *should* stehen (d, e).   Da *should* aber wesentlich häufiger in der Bedeutung *sollte* verwendet wird (vgl. g und 6.23), kann dieser Sprachgebrauch zu Mißverständnissen führen.   Lernenden wird empfohlen, als Entsprechung des deutschen *würde* ausschließlich *would* zu benutzen.

(5) Im *if*-Satz steht statt *was* häufig *were* (b–d).   *If I were you* (d) ist als feststehende Redensart anzusehen, in der *were* wesentlich häufiger vorkommt als *was*.

(6) Ein im *if*-Satz vorkommendes *would* drückt normalerweise einen Wunsch oder eine Bitte aus:
I would be grateful if you *would* put the matter right.
ich wäre dankbar, wenn Sie die Sache in Ordnung bringen würden
If only it *would* stop raining, I could go out and mow the lawn.
wenn es nur aufhören wollte zu regnen, dann könnte ich

(7) Beachten Sie zu den Bedingungssätzen vom Typ 2:
Dem deutschen *wäre* entspricht im Hauptsatz (ohne *if, suppose* usw.) *would be*.
Im Nebensatz (mit *if, suppose* usw.) wird *wäre* durch *was / were* ausgedrückt. (Vgl. b–d.)
Dem deutschen *hätte* entspricht im Hauptsatz (ohne *if, suppose* usw.) *would have*.
Im Nebensatz (mit *if, suppose* usw.) wird *hätte* durch *had* ausgedrückt. (Vgl. e, f.)

6.7.3. Bedingungssätze vom Typ 3

a. If you **hadn't woken** me up so late, I **wouldn't have missed** the train.
   wenn du mich nicht so spät geweckt hättest, hätte ich den Zug nicht verpaßt
b. We **wouldn't have lost** the match if we **hadn't been** so tired from the journey.
   wir hätten das Spiel nicht verloren, wenn wir nicht so müde von der Reise gewesen wären
c. I **would have been** happier if you **had been** there too.
   ich wäre glücklicher gewesen, wenn du auch da gewesen wärest
d. He **could have helped** us if he **had wanted** to.
   er hätte uns helfen können, wenn er gewollt hätte

e. It **might have tasted** better if I **had added** some whisky.
es hätte vielleicht besser geschmeckt, wenn ich etwas Whisky hinzugefügt
hätte

(1) Diese Art von Bedingungssatz drückt eine Annahme in bezug auf die Vergangenheit aus: "Wäre in der Vergangenheit eine bestimmte Bedingung erfüllt worden (sie wurde aber nicht erfüllt!), dann wäre dieses oder jenes die Folge gewesen."

(2) Außer durch *if* kann der die Bedingung ausdrückende Nebensatz auch durch *suppose/supposing, unless* oder einen ähnlichen Ausdruck eingeleitet werden (vgl. 6.7.1.(2) und 6.7.2.(2)).

(3) Zur Kommasetzung vgl. 6.7.1.(3).

(4) Zum Gebrauch von *should* anstelle von *would* bei *I* und *we* vgl. 6.7.2.(4).

(5) Auch bei Bedingungssätzen vom Typ 3 bereiten die englischen Entsprechungen von deutsch *hätte* und *wäre* besondere Schwierigkeiten. Vergleichen Sie:

wenn er gewollt **hätte** = if he **had** wanted to
wenn ich hinzugefügt **hätte** = if I **had** added

er **hätte** uns geholfen = he **would have helped** us
er **hätte** uns helfen können = he **could have helped** us
er **hätte** uns vielleicht geholfen = he **might have helped** us

wenn er da gewesen **wäre** = if he **had** been there
wenn er gekommen **wäre** = if he **had** come

ich **wäre** glücklich gewesen = I **would have been** happy
ich **wäre** vielleicht glücklich gewesen = I **might have been** happy
ich **wäre** gekommen = I **would have come**
ich **wäre** vielleicht gekommen = I **might have come**

6.8. Die indirekte Rede und Frage

6.8.1. Grundlegende Vorbemerkungen

Direkte Rede	Indirekte Rede
1a. "I **don't** smoke."	1b. He said he **didn't** smoke.
Direkte Frage	**Indirekte Frage**
2a. "**Are** you married?"	2b. He asked me if I **was** married.

In den Sätzen 1b und 2b wird "indirekt berichtet", was in den Sätzen 1a und 2a "direkt ausgesagt" wird. Meist wird die indirekte Rede und Frage wie hier durch ein im Präteritum stehendes "Berichtsverb" (*said, asked* usw.) eingeleitet.

Dieses in der Vergangenheit stehende Einleitungsverb bewirkt in der Regel, daß das Verb der direkten Rede bzw. Frage um eine Zeitstufe in die Vergangenheit "rückt" (*don't* → *didn't*, *are* → *was* usw.). Außerdem werden natürlicherweise noch einige andere Veränderungen durchgeführt, um die Aussage der Berichtssituation anzupassen. So wird etwa in Beispiel 1 aus *I* (1a) *he* (1b) und in Beispiel 2 aus *you* (2a) *I* (2b).

In 6.8.2 und 6.8.3 werden einige typische Veränderungen behandelt, die sich bei der Umwandlung aus der direkten Rede und Frage in die indirekte Rede und Frage ergeben können.

6.8.2. Die indirekte Rede mit Zeitverschiebung

a. "I **like** it here."
   Jim said (that) he **liked** it here/there.
b. "I **have** done it myself."
   She assured me (that) she **had** done it herself.
c. "We **will** handle your reservations promptly."
   They wrote (that) they **would** handle our reservations promptly.
d. "I **can't** help you."
   Mrs Bourke informed me (that) she **couldn't** help me.
e. "I **may** need some more material tomorrow."
   Mr Stone answered (that) he **might** need some more material tomorrow/the next day.
f. "You **must** read this book."
   I told her (that) she **must** read this/that book.
g. "I **wouldn't** do it if I were you."
   She told me (that) she **wouldn't** do it if she were me.
h. "I **didn't like** you at first."
   She confessed (that) she **hadn't liked** me at first.
   She confessed (that) she **didn't like** me at first.
i. "The documents **were** handed to me yesterday."
   He claimed (that) the documents **had been** handed/**were** handed to him yesterday/the day before.

(1) Die Beispielsätze zeigen, auf welche Weise indirekte Rede typischerweise eingeleitet wird: *Jim said, She assured me, They wrote, Mrs Bourke informed me, Mr Stone answered, I told her, She confessed, He claimed* usw.
Indirekte Rede kann aber auch eingeleitet werden durch Ausdrücke wie *He hoped, She knew, I was afraid, We thought.*

(2) Die Konjunktion *that* ist in den meisten Fällen entbehrlich. Sie steht häufiger in formellem Schriftenglisch als in der gesprochenen Umgangssprache.

(3) Zu den Zeitverschiebungen beim Verb:
Präsens wird Präteritum: *like* → *liked* (a).
Perfekt wird Plusquamperfekt: *have done* → *had done* (b).
Will wird *would* (c), *can* wird *could* (d), *may* wird *might* (e).
Must (f), *would* (g), *could, might, should, ought to* bleiben unverändert.
Präteritum wird Plusquamperfekt: *didn't like* → *hadn't liked* (h), *were handed* → *had been handed* (i).   (Da das Plusquamperfekt jedoch als "umständlich" emp-funden wird, behält man an seiner Stelle häufig das Präteritum bei, wenn die zeit-lichen Bezüge auch so eindeutig sind.)

(4) Veränderungen wie *here* → *there* (a), *tomorrow* → *the next day* (e), *this* → *that* (f), *yesterday* → *the day before* (i) werden durchgeführt, wenn es die Diskrepanz zwischen "direkter" Sprechsituation und Berichtsituation erfordert.
Vergleichen Sie:
"I'll be coming again *the day after tomorrow.*"
(Am selben Tag berichtet:)
He said he would be coming again *the day after tomorrow.*
(An einem späteren Tag berichtet:)
He said he would be coming again *two days later.*

6.8.3. Die indirekte Frage mit Zeitverschiebung

a. "**Do** you often **have** headaches?"
   The doctor asked me if/whether I often **had** headaches.
b. "**Have** you **spoken** to Jack?"
   She wanted to know if/whether I **had spoken** to Jack.
c. "When **will** he arrive?"
   They wondered/They were wondering when he **would** arrive.
d. "Why **can't** we go on a Sunday?"
   They inquired why they **couldn't** go on a Sunday.
e. "How **did** the thief **get** into the house?"
   They had no idea how the thief **had got/got** into the house.

(1) Die Beispielsätze zeigen, auf welche Weise indirekte Fragen typischerweise eingeleitet werden: *He asked me, She wanted to know, They wondered, They were wondering, They inquired, They had no idea* usw.

(2) Entscheidungsfragen (*yes/no*) haben in der indirekten Form *if* oder *whether* (a, b).   Fragewortfragen (*when, why, how* usw.) haben das Fragewort auch in der indirekten Form.

(3) Die Zeitverschiebungen entsprechen denen der indirekten Rede (vgl. 6.8.2.(3)).

(4) Auch die Veränderungen vom Typ *here* → *there, tomorrow* → *the next day* entsprechen denen der indirekten Rede (vgl. 6.8.2.(4)).

6.8.4. Die indirekte Rede und Frage ohne Zeitverschiebung

a. "I **don't** want to come."
He says (that) he **doesn't** want to come.
b. "**Has** Liz got my dictionary?"
He wants to know if Liz **has** got his dictionary.

c. "Absence **makes** the heart grow fonder."
A wise man once observed that absence **makes** the heart grow fonder.
d. "Facts **speak** louder than statistics."
An English judge once remarked that facts **speak** louder than statistics.

Die Zeitform der direkten Rede bzw. Frage wird in der indirekten Fassung beibehalten,
(1) wenn das Berichtsverb im Präsens steht (a, b),
(2) wenn es sich nach Meinung des Berichtenden um eine Aussage von allgemeiner, zeitloser Gültigkeit handelt (c, d).

6.8.5. Die indirekte Aufforderung

"Go to hell!" She told him to go to hell.	"Please stay where you are." I asked him to stay where he was.
"Don't worry, darling." He told/asked her not to worry.	"Oh please, don't go away." He begged her not to go away.

6.9. Das Passiv

Aktiv: The judge **sentenced** her to four months' imprisonment.
der Richter verurteilte sie zu vier Monaten Haft

Passiv: She **was sentenced** to four months' imprisonment.
sie wurde zu vier Jahren Haft verurteilt

Im Aktivsatz wird der "Urheber" der Handlung an prominenter Stelle genannt: *The judge ...* Im Passivsatz dagegen wird der "Urheber" meist gar nicht erwähnt. Die Passivform ist also im allgemeinen vorzuziehen, wenn der "Urheber" der Handlung entweder unbekannt oder ohne Belang für die Aussage ist.
In den relativ seltenen Fällen, in denen der "Urheber" im Passivsatz genannt werden soll, wird er mit *by* angeschlossen:

The first prize was won **by a little boy called Pip.** wurde gewonnen von
The building was guarded **by 200 policemen.** wurde bewacht von

In Fragen nach dem "Urheber" wird *by* in der Regel nachgestellt:

Who was the first prize won **by**?
(*Steif:* **By** whom was the first prize won?)

How many policemen was the building guarded **by**?
(*Steif:* **By** how many policemen was the building guarded?)

Das Passiv kommt in Presse- und sonstigen Sachtexten außerordentlich häufig vor. Bei der Entscheidung zwischen Aktiv und Passiv spielt oft die beabsichtigte Hervorhebung bestimmter Satzteile und das individuelle Stilgefühl eine Rolle.   Vergleichen Sie:

A: A gas explosion wrecked six shops at Clarkston Toll, Glasgow.
P: Six shops were wrecked by a gas explosion at Clarkston Toll, Glasgow.

A: Sandro Munari of Italy won the Monte Carlo Rally.
P: The Monte Carlo Rally was won by Sandro Munari of Italy.

A: The official told them that they could not import the machine without paying duty.
P: They were told that the machine could not be imported without duty being paid.

A: The Irish Government is alleging that security forces in Ulster have committed 100 or more acts of torture.
P: It is being alleged by the Irish Government that 100 or more acts of torture have been committed by security forces in Ulster.

6.9.1. Typische Passivkonstruktionen

English **is spoken** everywhere.	wird gesprochen
The book **was translated** into German.	wurde übersetzt
The car has **been repaired**.	ist repariert worden
Everybody had **been warned**.	war gewarnt worden
That can **be arranged**.	kann arrangiert werden
The question will **be discussed**.	wird diskutiert werden
A new bridge would **be built**.	würde gebaut werden
Noisemakers should **be punished**.	sollten bestraft werden
The report is **being studied**.	wird (gerade) studiert

Wie die Beispiele zeigen, wird das Passiv mit einer Form von *be* und dem Partizip Perfekt gebildet.

Statt *be* steht gelegentlich *get*:
That magazine *gets* read by one out of ten people in this country.
The boy *got* hurt on his way home from school.
Lernenden wird empfohlen, zur Bildung des Passivs ausschließlich *be* zu benutzen, da der Gebrauch von *get* in dieser Funktion starken Einschränkungen unterliegt.

6.9.2. Englische Passivkonstruktionen ohne direkte deutsche Entsprechung

6.9.2.1. Verben, die im Aktiv ein Objekt haben

He was **advised** to leave the country. es wurde ihm geraten/man riet ihm
I was **allowed** to stay. man erlaubte mir/ich durfte
We were **assured** that we would receive generous help.
  es wurde uns versichert/man versicherte uns
He is **believed** to be dead. es wird angenommen/man glaubt, daß er
She mustn't be **contradicted.**
  es darf ihr nicht widersprochen werden/man darf ihr nicht widersprechen
They are **expected** to win. es wird erwartet/man erwartet, daß sie
I don't wish to be **flattered.** daß man mir schmeichelt
The dinner was **followed** by endless speeches. auf das Essen folgten
He was **helped** by many people. es wurde ihm von vielen Menschen geholfen
We were **joined** by the ladies. die Damen schlossen sich uns an
He is **said** to be very ill. es wird gesagt/man sagt, daß er
She was **shown** how to do it. es wurde ihr gezeigt/man zeigte ihr, wie
Johnson was **succeeded** by Nixon. auf Johnson folgte Nixon
I was **told** to wait here. mir wurde gesagt/man sagte mir, daß ich
They can't be **trusted.** man kann ihnen nicht trauen

6.9.2.2. Verben, die im Aktiv zwei Objekte haben

He was **asked** some questions. es wurden ihm einige Fragen gestellt
They were **awarded** the first prize. ihnen wurde der erste Preis verliehen
She was **brought** a milkshake. es wurde ihr ein Milkshake gebracht
I was **given** an injection. es wurde mir eine Spritze gegeben
We were **handed** an illustrated leaflet. man reichte uns
They were **offered** a first-class room. man bot ihnen ... an
You will be **paid** an enormous price. man wird dir einen ... zahlen
I was **promised** a seat in the first row. mir wurde ... versprochen
He was **shown** some photos. es wurden ihm einige Fotos gezeigt
She has been **taught** a lesson. ihr ist eine Lehre erteilt worden
We must be **told** the truth. es muß uns die Wahrheit gesagt werden

Auch das andere der beiden Objekte des entsprechenden Aktivsatzes wird manchmal zum Subjekt der Passivkonstruktion gemacht:
The first prize was *awarded* to a housewife from Leeds.
A milkshake was *brought* to her.
An illustrated leaflet was *handed* to every customer.
Some photos were *shown* to him.

6.9.2.3. Verb-Partikel-Verbindungen

What are they **accusing** him **of**?
What is he being **accused of**?

You should **allow for** considerable delays.
Considerable delays should be **allowed for**.

I'll **attend to** this matter as soon as possible.
This matter will be **attended to** as soon as possible.

Can't we **do away with** these irregularities?
Can't these irregularities be **done away with**?

We'll have to **fill in** these forms.
These forms will have to be **filled in**.

Have you **gone through** these papers?
Have these papers been **gone through**?

They've **objected to** this paragraph.
This paragraph has been **objected to**.

We must **set up** a completely new distribution system.
A completely new distribution system must be **set up**.

The bed looked as if someone had **slept in** it.
The bed looked as if it had been **slept in**.

Nobody has ever **spoken to** me like that in all my days.
I've never been **spoken to** like that in all my days.

His senior officers **think** well **of** him.
He is well **thought of** by his senior officers.

She's **walked out on** him.
He's been **walked out on**.

6.10. Der Infinitiv

6.10.1. Der Infinitiv als Subjekt und Prädikativum

To escape is impossible.
To have missed that chance was bad enough.
Our best course will be **to ignore** the whole thing.
My job is **to sell** computers.
To invite her would be **to invite** trouble.

The least you can do is **listen** to what I have to say.
All he does is **sleep**.

6.10.2. Der Infinitiv nach Fragewörtern und whether

The question was what **to do** with the body.   was man mit der Leiche tun sollte
The problem is where **to park** the car.   wo man das Auto parken soll

I wouldn't know how **to do** it.   wie ich es tun soll
You must tell me when **to stop**.   wann ich anhalten soll
I had no idea which train **to take**.   welchen Zug ich nehmen sollte
He was wondering whether **to tell** her the truth.   ob er . . . sagen sollte

6.10.3. Der Infinitiv nach Substantiven und Pronomen

6.10.3.1. Der Infinitiv in relativsatzähnlicher Funktion

He would be the ideal man **to do** it.   (≈ the ideal man for the job)

There's a gentleman **to see** you.   (≈ who wants to see you)
We need someone **to do** the cleaning.   (≈ who does the cleaning)
He is not the man **to take** a risk.   (≈ who takes a risk)
I'm the one **to give** orders here.   (≈ who gives)
The tall Texan was the first **to speak**.   (≈ who spoke)
Jack was the last **to arrive**.   (≈ who arrived)
She was the next witness **to be** called.   (≈ who was called)
He was the only one **to survive** the crash.   (≈ who survived)

That was a silly thing **to do**.   (≈ it was silly to do that)
He's a good friend **to have**.   (≈ it's good to have him as a friend)
He would be the wrong person **to complain** to.   (≈ you ought to address your complaint to somebody else)

The man **to see** is Cameron.   (≈ the man you ought to see)
I can see nothing **to laugh** at.   (≈ nothing one could laugh at)
She only wants someone **to chat** to.   (≈ someone she can chat to)
Shall I order you a taxi **to go** home in?   (≈ in which you can go home)

We must find a place **to sleep**.   (≈ a place where we can sleep)
This is an easy place **to break** a leg.   (≈ a place where one can easily break a leg)

I have some questions **to ask**.   (≈ there are some questions that I have to ask)
He has other things **to think** about.   (≈ there are other things he has to think about)
They have nothing **to worry** about.   (≈ there's nothing they need to worry about)

6.10.3.2. Der Infinitiv nach chance, opportunity usw.

He made several **attempts** to escape.
I haven't had a **chance** to speak to him yet.
I wish I had the **courage** to tell him the truth.
Our meeting gave us an **opportunity** to get acquainted with each other.
It's **time** to go home.
There's no better **way** to slim than to stop eating.

Zu den Substantiven, die häufig mit einem nachfolgenden Infinitiv gebraucht werden, gehören auch: *ability, authority, determination, duty, freedom, habit, inclination, instinct, intention, means, mind, mood, occasion, permission, plan, pleasure, position, reason, responsibility, right, temptation, urge, will, willingness, wish.*

6.10.4. Der Infinitiv nach Adjektiven

I was **able/afraid/anxious/eager/glad/happy** to do it.
He is **bound/certain/liable/likely/sure** to be there.
She was **annoyed/astonished/delighted/interested/pleased** to see him.
It's **dangerous/easy/hard/(im)possible/nice/stupid** to take pictures.

(1) Vergleichen Sie:

I'm afraid *of waking* him up = $\left\{\begin{array}{l} \text{I'm afraid that I might wake him up} \\ \text{I don't have the courage to wake him up} \end{array}\right.$
I'm afraid *to wake* him up   = I don't have the courage to wake him up

(2) Nach *accustomed* kann sowohl to + Infinitiv als auch to + -ing-Form stehen:
I'm accustomed *to work/to working* hard.

(3) Beachten Sie auch:
Would you be *so kind as to post* this letter for me? (*Nicht:* *so kind to post!)
Would you be *kind enough to post* this letter for me?

6.10.5. Der Infinitiv nach Verben

She **agreed / arranged / asked / chose / decided / demanded / expected / hoped / longed / managed / offered / promised / refused** to see him.
We can't **afford** to buy a new car.
Would you **care** to go to a show tonight?

Ein an diese "Kettenverben" angehängtes weiteres Verb kann in der Regel nur im Infinitiv (und nicht in der -ing-Form!) stehen.
Weitere Verben, nach denen im allgemeinen nur der Infinitiv steht: *aim, appear, attempt, beg, claim, consent, desire, endeavour, fail, happen, hesitate, plan, pretend, prove, seek, seem, tend, threaten, venture, volunteer, wish.*

6.10.6. Die Objekt-Infinitiv-Konstruktion

6.10.6.1. Infinitiv mit to

The doctor **advised*** me to stay in bed.   riet mir, im Bett zu bleiben
I **expect*** you to do a good job.   erwarte, daß Sie gute Arbeit leisten
The painter **hated** anyone to see his work unfinished.
   haßte es, wenn jemand . . . sah
I'd **like** you to meet him.   ich möchte, daß du ihn kennenlernst
I'd **prefer** him to become a lawyer.   würde es vorziehen, wenn er . . . würde
I **trust** you not to betray me.   vertraue darauf, daß du mich nicht verrätst
I don't **want** anyone to know.   will nicht, daß es irgendwer erfährt

Diese Infinitivkonstruktion, die – wie die Beispiele zeigen – oft keine direkte Entsprechung im Deutschen hat – findet sich besonders häufig auch mit folgenden Verben: *allow*, ask*, beg, cause, choose*, command*, compel*, drive*, enable, encourage*, force*, get, help, hire*, instruct*, invite*, lead*, love, order*, permit*, persuade*, promise, remind, request*, send*, teach*, tell*, urge*, warn*, wish.*

Bei den mit * gekennzeichneten Verben ist auch die entsprechende Passivkonstruktion sehr gebräuchlich:
I was *advised* to stay in bed.   mir wurde geraten / man riet mir
He was *compelled / forced* to sell his car.   er war gezwungen / man zwang ihn
You are *expected* to do a good job.   es wird von Ihnen erwartet, daß
She was *told* to come at six.   es wurde ihr gesagt / man sagte ihr

Nach den folgenden Verben ist die Konstruktion Objekt + Infinitiv (meist *to be*!) vorwiegend im gehobenen Sprachgebrauch anzutreffen (a–b), während die Umgangssprache einen Nebensatz (*He believed that she was innocent.*) bevorzugt. Die entsprechende Passivkonstruktion (c–d) ist auch in der Umgangssprache üblich.

a. He **assumed / believed / considered / declared / knew / proved** her to be innocent.
b. I **guessed / imagined / judged / understood** him to be in his late fifties.

c. The drug was **found / reported / supposed / thought** to be highly effective.
d. That step is now generally **admitted / felt** to have been a mistake.

6.10.6.2. Infinitiv ohne to

He **felt** the knife touch his skin.   fühlte, wie das Messer . . . berührte
She **heard** the clock strike nine.   hörte, wie die Uhr neun schlug
He **saw** her cross the road and go into the station.   sah, wie sie . . . überquerte
They **watched** him walk down the street.   beobachteten ihn dabei, wie er . . .

I **had** the post office forward my mail.
ich veranlaßte, daß mir das Postamt meine Post nachschickte
She **let** the children stay up to watch television.
She **made** him feel at home.

Mit Objekt + Infinitiv ohne *to* werden auch die Verben *listen to, look at, notice,*
observe und *overhear* konstruiert.   (Bei dem Verb *help* kann der Infinitiv sowohl
mit als auch ohne *to* angeschlossen werden: *I helped her carry/helped her to carry*
her suitcases.)
In den entsprechenden Passivkonstruktionen erscheint nach diesen Verben der
Infinitiv im Gegensatz zum Aktiv stets mit *to*:
The clock was *heard to strike* nine.   man hörte die Uhr neun schlagen
She was *seen to cross* the road.   man sah sie die Straße überqueren

6.10.7.   Infinitivkonstruktionen mit for

a. She asked **for the question to be repeated.**
   sie bat darum, daß man die Frage wiederhole
b. I am waiting **for you to apologize.**
   ich warte darauf, daß du dich entschuldigst

c. There's no need **for him to starve.**
d. That's a funny thing **for a gentleman to do.**

e. It would be absurd **for a boy of his age to get married.**
f. In the United States it is not uncommon **for civilians to possess firearms.**

g. **For a sick man like him to go out** in this weather would be madness.
h. **For my husband to give up his job** would be unthinkable.

i. That question is **for you to decide.**   diese Frage mußt du entscheiden
j. The usual thing is **for the cheque to be handed over** when the contract is signed.

Von der Möglichkeit, mit *for* dem Infinitiv ein Subjekt zuzuordnen, wird im mo-
dernen Englisch häufig Gebrauch gemacht.   Diese Konstruktion findet sich vor
allem:
(1) nach Verben wie *arrange, ask, call, hope, long, look, provide, send, shout* und
wait, an die auch sonst ein Objekt mit *for* angeschlossen werden kann (vgl. a und b);
(2) nach Substantiven bzw. Pronomen (vgl. c und d);
(3) nach prädikativ gebrauchten Adjektiven (vgl. e und f);
(4) als Subjekt (vgl. g und h);
(5) als Prädikativum besonders nach einer Form von *be* (vgl. i und j).

6.10.8. Der Infinitiv zum Ausdruck des Zwecks

I'm here (in order) **to help** you.   um dir zu helfen
I don't live (in order) **to eat**, but I have to eat (in order) **to live**.
He stopped (talking) **to drink** another mouthful of wine.
(In order) **To find out** what had happened, the reporter talked with a number
of witnesses.   um herauszufinden, was geschehen war

Beachten Sie auch:
To tell the truth, I don't feel very hungry.   um ehrlich zu sein
To cut a long story short, you don't want to help me.   der langen Rede kurzer Sinn
I owe him a great deal of money. Five thousand dollars, *to be exact*.

6.10.9. Aktiver oder passiver Infinitiv?

Im Englischen steht bei passivem Sinn häufiger als im Deutschen der passive Infinitiv:

He is not **to be disturbed**.	ist nicht zu stören
The dog was nowhere **to be seen**.	war nirgendwo zu sehen
His honesty is not **to be doubted**.	ist nicht zu bezweifeln
That was **to be expected**.	war zu erwarten
That remains **to be seen**.	das bleibt abzuwarten

Andererseits steht auch im Englischen in einer ganzen Reihe von Fällen trotz
scheinbar passiven Sinnes der aktive Infinitiv:

a. English is **easy/difficult/hard to learn**.
b. My wife says I'm **impossible/nice/pleasant/wonderful to live with**.
c. He is always **fascinating/interesting to talk to**.
d. The case was pleasantly **light to carry**.

e. English is an **easy/a difficult/a hard language to learn**.
f. My wife says I'm a **nice/a pleasant person to live with**.
g. Snakes are **fascinating/interesting/relaxing creatures to have around**.

h. We **have** a lot of work **to do**.
i. He **has** a house **to keep up** and a wife **to look after**.
j. She **has** little/plenty/nothing **to worry about**.

Trotz scheinbar passiver Bedeutung steht der aktive Infinitiv:
(1) nach Adjektiven wie *easy, difficult, hard, impossible, nice* und *(un)pleasant*
(vgl. a–d);
(2) nach Adjektiv + Substantiv (vgl. e–g);
(3) nach *have* + Objekt (vgl. h–j).

Nach *there*, nach *too* + Adjektiv und bei den Verben *blame* und *let* (= vermieten) kommt bei passivem Sinn sowohl der aktive als auch der passive Infinitiv vor:

There is no time *to lose.* } es ist keine Zeit zu verlieren
There is no time *to be lost.*

There was nothing *to do.*   es gab nichts zu tun
There was nothing *to be done.*   es war nichts zu machen

This matter is too important (for us) *to discuss* over the phone.
This matter is too important *to be discussed* over the phone.

You are not *to blame.*   Sie sind nicht daran schuld
You are not *to be blamed.*   man wird Ihnen nicht die Schuld daran geben

This house is *to let.*   dieses Haus ist zu vermieten
This house is *to be let* or sold. dieses Haus ist zu vermieten oder zu verkaufen

6.11. Die -ing-Form

6.11.1. Bildung der -ing-Form

a. consider – considering visit – visiting see – seeing pay – paying worry – worrying	b. advise – advising change – changing hope – hoping make – making struggle – struggling
c. admit – admitting dig – digging plan – planning stop – stopping *Ebenso:* prefer – preferring	d. control – controlling quarrel – quarrelling travel – travelling *Aber:* reveal – revealing
e. die – dying lie – lying tie – tying	

a. Bei den meisten Verben wird die *-ing*-Endung einfach an den Infinitiv angehängt.

b. Stummes *-e* am Wortende entfällt beim Anhängen der *-ing*-Endung. (Vgl. 6.2.1.d.)

c. Die Endbuchstaben *-b*, *-d*, *-g*, *-m*, *-n*, *-p*, *-s*, *-t* werden nach kurzem, betontem Selbstlaut meistens verdoppelt. (Vgl. 6.2.1.g–h.)

d. Auslautendes *-l* wird im britischen Englisch bei mehrsilbigen Verben meistens verdoppelt.   Einsilbige Verben wie *boil, deal, fail, feel* und *steal* verdoppeln das *-l* natürlich nicht. (Vgl. 6.2.1.g–h.)

e. Auslautendes *-ie* wird zu *-y-*.

6.11.2. Die -ing-Form als Subjekt und Prädikativum

Subjekt: Doing nothing is my favourite occupation.
Prädikativum: My favourite occupation is **doing nothing.**

6.11.3. Die -ing-Form nach Präpositionen

After selling their house they emigrated to Australia.
nachdem sie ihr Haus verkauft hatten
There's nothing you can do **apart from making** the best of the situation.
He improved the article considerably **by shortening** it.
indem er ihn kürzte
She talked him **into buying** a sports car.
überredete ihn, einen Sportwagen zu kaufen
The burglar escaped **without being** recognized.   ohne erkannt zu werden
Instead of watching TV you should do something constructive.
anstatt fernzusehen
What **about doing** it yourself?   wie wär's, wenn du's selber tätest?
How **about going** to the theatre?   wie wär's, wenn wir ins Theater gingen?

Ein auf eine Präposition folgendes Verb steht immer in der -ing-Form.
Besonders häufig ist die Konstruktion Präposition + -ing-Form nach Verben
(6.11.3.1), Adjektiven (6.11.3.2) und Substantiven (6.11.3.3).

6.11.3.1. Verb + Präposition + -ing-Form

I must **apologize for disturbing** you at this hour.
He doesn't **believe in doing** things by halves.
You ought to **concentrate on getting** the job done.
I don't **feel like swimming** today.   mir ist nicht nach Schwimmen zumute
He **insisted on paying** the bill.   bestand darauf, die Rechnung zu bezahlen
I'm **looking forward to going** to London for the weekend.

Weitere Verben, denen häufig eine Präposition + -ing-Form folgt:

accuse of	care about	despair of	hurry into	rely on
admit of/to	come of/from	devote to	indulge in	see about
amount to	complain about/of	disapprove of	keep from	specialize in
arrange about	conclude by	dream about/of	live by	succeed in
assist in	confess to	engage in	negotiate about	talk about/of
begin by	consist in	escape from	object to	think about/of
benefit by/from	count on	fail in	persist in	vote against
boast about/of	decide against	gamble on	profit by	warn against
bother about	delight in	get around to	refrain from	worry about

6.11.3.2. Adjektiv + Präposition + -ing-Form

She was **afraid of losing** her way in the dark.
Lobsters are **capable of swimming** backwards at great speed.
He isn't **clever/good/bad at making** money.
The meeting was **late in starting.**
The apples are **ripe for eating.**
I am **sick/tired/weary of filling** in endless forms and **answering** stupid questions.

Weitere Adjektive, denen häufig eine Präposition + -*ing*-Form folgt:

accustomed to	certain of	excited about	intent on	preoccupied with
adequate for	conscious of	famous for	interested in	proficient at
alarmed at	correct in	fond of	keen on	proud of
amazed at	crazy about	fortunate in	necessary for	right in
angry at	delighted at	frightened of	nervous about	serious about
appropriate for	disappointed at	glad about	optimistic about	slow in
ashamed of	engaged in	guilty of	pessimistic about	suitable for
astonished at	enthusiastic about	happy about	pleased at	used to
available for	equivalent to	hopeful about	preferable to	useful for

6.11.3.3. Substantiv + Präposition + -ing-Form

Do you think there's any **chance of getting** a job?
Are you in the **habit of smoking** in bed?
I had no **intention of hurting** you.
Surely he must be given the **opportunity of raising** the money somewhere.
He has a **talent/an aptitude/a flair/a genius for doing** things the wrong way.

Die Zahl der Substantive, denen eine Präposition + -*ing*-Form folgen kann, ist sehr groß.
Weitere Beispiele:

advantage of	(a great) deal of	fondness for	objection to	reason for
alternative to	death by	hesitation in	occasion for	reputation for/of
aversion to	delight in	hope of	place for	satisfaction in
basis for	difference between	impression of	plan for	step of
belief in	difficulty in	interest in	pleasure in/of	surprise at
blame for	dislike for/of	love for	(there's no)	taste for
capability of	excuse for	means of	point in	tendency towards
choice between	experience in	method of	possibility of	trouble in
compromise between	facility for	necessity for	preference for	(with a) view to
danger of	fear of	need for	privilege of	way of

6.11.4. Die -ing-Form nach Verben

> They **considered/contemplated/debated/discussed using** a different mixture.
> I **appreciate/dislike/enjoy/welcome being** helped.
> He **delays/postpones/puts off paying** taxes as long as possible.
> He **couldn't avoid/couldn't help/couldn't resist telling** her about it.

Ein an diese "Kettenverben" angehängtes weiteres Verb kann in der Regel nur in der -*ing*-Form (und nicht im Infinitiv) stehen.
Weitere Verben, nach denen im allgemeinen nur die -*ing*-Form steht:

admit	discontinue	leave off	recommend
adore	encourage	mention	regard
advise	escape	mind	report
advocate	fancy	miss	require
allow	favour	oppose	resent
can't/couldn't	finish	permit	resume
stand	give up	practise	risk
cut out	imagine	prevent	suggest
deny	involve	recall	take up
detest	keep (on)	recollect	value

Beachten Sie auch:
We *went shopping/swimming/golfing/dancing* today. gingen einkaufen/schwimmen usw.
He *lay/sat/stood gazing* into the fire.   lag/saß/stand da und starrte ins Feuer
She *remained standing/sitting*.   blieb stehen/sitzen
She *fled weeping* from the room.   floh weinend aus dem Zimmer
He *came running* into the garden.   kam in den Garten gerannt

6.11.5. Die -ing-Form nach bestimmten nichtverbalen Ausdrücken

> **There's no knowing** what he'll do next.   man kann nicht wissen
> **There was no mistaking** the threat.   die Drohung war nicht zu überhören
>
> It's **no use complaining**.   es hat keinen Zweck zu klagen
> It's **no good calling** the doctor.   es ist zwecklos, den Arzt zu rufen
>
> This proposal is **worth considering**.   ist es wert, erwogen zu werden
> These ideals are **worth fighting for**.   sind es wert, daß man für sie kämpft
>
> **It was** a pleasure/**It was** fun/**It was** nice **having** you to stay with us.
> **It's useless trying** to persuade him.
>
> He's **busy writing** letters.   ist damit beschäftigt, Briefe zu schreiben
> We were **late getting** here.   kamen hier mit Verspätung an
>
> At first I had **difficulty/trouble understanding** him.
> She was **a long time answering** the doorbell.
> He **took his time lighting** a cigarette.

6.11.6. Verben, nach denen sowohl die -ing-Form als auch der Infinitiv stehen kann

6.11.6.1. Annähernd gleiche Bedeutung von -ing-Form und Infinitiv

He began/started/continued **talking/to talk**.
I like/love/hate/prefer **working/to work** on my own.

Weitere Verben, nach denen mit etwa gleicher Bedeutung sowohl die *-ing*-Form als auch der Infinitiv stehen kann:
(can't/couldn't) bear, bother, cease, commence, fear, intend, neglect, omit, propose (=intend).

6.11.6.2. Verschiedene Bedeutung von -ing-Form und Infinitiv

It *deserves considering*.   verdient es, erwogen zu werden (*Passiv*)
He *deserves to succeed*.   verdient es, Erfolg zu haben (*Aktiv*)

I'll never *forget visiting* them.   werde nie vergessen, wie ich sie besucht habe
  (*Vergangenheit*)
I won't *forget to visit* them.   werde nicht vergessen, sie zu besuchen (*Zukunft*)

They *got talking*.   sie kamen ins Reden/ans Erzählen
He *got to know* her quite well.   lernte sie recht gut kennen

That *means leaving* early.   das bedeutet, daß wir früh abfahren müssen
We *meant to leave* early.   wir wollten früh abfahren

The question doesn't *need answering*.   braucht nicht beantwortet zu werden
  (*Passiv*)
You don't *need to answer*.   brauchst nicht zu antworten (*Aktiv*)

I *regret informing* him.   ich bedaure, daß ich ihn informiert habe
I *regret to inform* you ...   ich bedaure, Ihnen mitteilen zu müssen

I *remember telling* him that.   ich erinnere mich, ihm das gesagt zu haben
I must *remember to tell* him that.   ich muß daran denken, ihm das zu sagen

He *stopped talking*.   er hörte auf zu reden
He *stopped to talk* to her.   er hörte auf, um mit ihr zu reden

I've been *trying to talk* to him, but he doesn't understand me.
Have you *tried talking* to him in English?   haben Sie es mal damit versucht,
  daß Sie mit ihm englisch gesprochen haben?

The windows *want cleaning* (= need to be cleaned). (*Passiv*)
I *want to clean* the windows. (*Aktiv*)

6.11.7. Die -ing-Form mit eigenem Sinnsubjekt

6.11.7.1. Strukturtyp 1

a. I can't imagine **you/him/them/Bob acting** so foolishly.
   (*Auch:* I can't imagine **your/his/their acting** so foolishly.)
b. You're right about **me/him/Frank being** Canadian.
   (*Auch:* You're right about **my/his being** Canadian.)
c. What about **me/him/us/them/Jane getting** something to eat?
   (*Auch:* What about **my/his/our/their getting** something to eat?)
d. We want to prevent **it/a thing like that happening** again.
e. Is there any danger of **it/of the car being** stolen?
   besteht die Gefahr, daß ... gestohlen wird?
f. I was counting on **it/on the report being** ready by now.
   ich hatte damit gerechnet, daß ... inzwischen fertig ist

Wie die Beispiele zeigen, kann das Sinnsubjekt der -*ing*-Konstruktion durch ein vor der -*ing*-Form stehendes Pronomen oder Substantiv ausgedrückt werden. Als Pronomen finden bei diesem Strukturtyp sowohl die Objektsformen der Personalpronomen als auch die Possessivpronomen Verwendung:
me   you   him   her   it   us   them
my   your   his   her   (its)   our   their
Lediglich *its* ist in dieser Funktion stärkeren Einschränkungen unterworfen und daher weniger häufig als *it* (vgl. d–f).
Das Substantiv steht überwiegend in der (-'s-losen) Einheitsform, kann aber gelegentlich auch im Genitiv (mit -'s) auftreten:
Jack's being ill in bed complicates the situation.
I would not disapprove of *my son's marrying* a princess.

6.11.7.2. Strukturtyp 2

He **heard/listened to/overheard them talking.**
   hörte/hörte zu/hörte mit an, wie sie sich unterhielten
I **saw/watched the car being** driven away.
   sah/beobachtete, wie das Auto weggefahren wurde

He **found/left the children playing** in the garden.
I'm sorry to have **kept you waiting.**   daß ich Sie habe warten lassen
The President's speech **had/left/set/started me wondering** whether he knew what he was doing.
I can't **have you going** home thinking I'm a fool.   kann dich nicht ... lassen

Im Gegensatz zu Strukturtyp 1 läßt die hier dargestellte Konstruktion den Gebrauch der Possessivpronomen oder des Genitivs unter keinen Umständen zu.

6.11.8. Die -ing-Konstruktion in relativsatzähnlicher Funktion

The lady **sitting** (= who is sitting) **next to him** is his wife.
Among the dead were two people **driving** (= who had been driving) **past the building.**
She called good night to those girls **not going** (= who were not going) **in her direction.**

His hair, **beginning** (= which was beginning) **to grey,** was trimmed in a perpetual crew cut.

Diese Art von -ing-Konstruktion steht im Gegensatz zum Deutschen immer *hinter* dem zugehörigen Substantiv.   Vergleichen Sie:
The reporters *accompanying the President* were surprised.
   die *den Präsidenten begleitenden* Reporter waren überrascht
There is new hope now for people *suffering from this disease.*
   für die *an dieser Krankheit leidenden* Menschen gibt es jetzt neue Hoffnung

6.11.9. Die -ing-Konstruktion als adverbiale Bestimmung

a. The Greens were sitting round the kitchen table **having their evening meal.**
   und aßen Abendbrot
b. **Drinking his tea,** he stared out of the window.
   er trank seinen Tee und starrte dabei aus dem Fenster
   während er seinen Tee trank, starrte er aus dem Fenster
c. **Looking at my watch,** I saw that it was ten o'clock.
   als ich auf die Uhr schaute
d. The burglar was shot **while trying to escape.**
   während er zu entkommen versuchte / auf der Flucht
e. Make sure you're really smartly dressed **when visiting customers.**
   wenn Sie Kunden besuchen
f. I entered the room, **shutting the door behind me.**
   ich trat ins Zimmer und machte die Tür hinter mir zu
g. **Going back to his room,** he sat down at his desk and wrote a letter.
   er ging zurück in sein Zimmer, setzte sich an seinen Schreibtisch und schrieb einen Brief
h. **Having been offered drinks and cigarettes,** they relaxed in their chairs.
   nachdem man ihnen Getränke und Zigaretten angeboten hatte
i. **After spending a few days in Yorkshire,** I went on to the Lake District.
   nachdem ich ein paar Tage in Yorkshire verbracht hatte
j. **Not knowing what to do,** he turned on the TV.
   da er nicht wußte, was er anfangen sollte
k. **Being English,** he likes his tea stronger than we do.
   da er Engländer ist

Diese Art von *-ing*-Konstruktion ist besonders in der Schriftsprache außerordentlich verbreitet.   Im Deutschen entspricht ihr meist entweder die Nebenordnung mit *und* (a, b, f, g) oder ein Nebensatz, der mit einer Konjunktion wie *während* (b, d), *als* (c), *wenn* (e), *nachdem* (h, i) oder *da* (j, k) eingeleitet ist. Auch im Englischen wird häufig eine entsprechende Nebensatzkonstruktion gewählt:

When I looked at my watch, I saw that it was ten o'clock. (c)

Make sure you're really smartly dressed *when you visit customers*. (e)

Since/As he didn't know what to do, he turned on the TV. (j)

Interessant ist, daß die *-ing*-Konstruktion nicht notwendigerweise Gleichzeitigkeit mit dem Hauptverb des Satzes ausdrückt.   In Satz g zum Beispiel laufen die Handlungen *Going back to his room* und *he sat down at his desk and wrote a letter* selbstverständlich nacheinander ab.   Entsprechendes gilt für Satz f.

In h und i wird das Nacheinander der Handlungen durch die Wahl einer eindeutigen Konstruktion ausdrücklich betont: *Having been offered drinks* ..., *After spending a few days* ...   Statt dessen hätte es auch heißen können: *After being offered drinks*... und *Having spent a few days*... Weniger üblich und häufig unidiomatisch ist die von deutschen Lernenden überstrapazierte Konstruktion: **After having been offered* ...   **After having spent* ...

6.12.   Das Partizip Perfekt

6.12.1.   Form

answered	geantwortet	supplied	geliefert
asked	gefragt	played	gespielt
printed	gedruckt	planned	geplant
guided	geführt	travelled	gereist

Bei regelmäßigen Verben ist das Partizip Perfekt mit dem Präteritum formgleich. (Vgl. 6.2.1.)

Die Partizip-Perfekt-Formen der unregelmäßigen Verben sind aus der Tabelle auf den Seiten 131–133 ersichtlich.

6.12.2.   Gebrauch

(1) Nach *have/get/want* + Objekt:

He **had** / He **got** the text **translated**.   er ließ den Text übersetzen

You ought to **have** / to **get** your hair **cut**.

  du solltest dir die Haare schneiden lassen

They **had** their breakfast **brought** up to their room.
sie ließen sich das Frühstück aufs Zimmer bringen
I must **get** the job **done** by this evening.
ich muß die Arbeit bis heute abend fertigbekommen
I **want** this matter **attended** to immediately.
ich möchte, daß diese Sache sofort erledigt wird
Do you **want** the goods **sent** to your home address?
möchten Sie, daß die Ware an Ihre Heimatanschrift geschickt wird?

(2) In relativsatzähnlicher Funktion:

The reforms **recommended by the committee** are long overdue.
die von dem Ausschuß empfohlenen Reformen sind lange überfällig
The ministers **involved in the scandal** have resigned.
die in den Skandal verwickelten Minister sind zurückgetreten

The information **supplied** was insufficient.
die gelieferten Informationen waren unzureichend
The terms **offered** are extremely favourable.
die angebotenen Konditionen sind äußerst günstig

(3) Als adverbiale Bestimmung

Disgusted by his behaviour, she swore she would never see him again.
von seinem Benehmen angewidert, schwor sie
Viewed objectively, the evidence is by no means conclusive.
objektiv betrachtet, ist das Beweismaterial keineswegs überzeugend

Though regularly serviced, the machine frequently breaks down.
obwohl die Maschine regelmäßig gewartet wird, geht sie häufig kaputt
Until proved guilty, a man must be considered innocent.
bis seine Schuld erwiesen ist, muß ein Mensch als unschuldig angesehen werden

6.13. Das Verb und seine Ergänzungen

6.13.1. Verben mit zwei Objekten (Verbtyp 1)

	Indirektes Objekt	**Direktes Objekt**	**Indirektes Objekt**
a. She gave	**the child**	an ice cream.	
b. She gave		an ice cream	**to the child.**
c. She read	**the boys**	a story.	
d. She read		a story	**to the boys.**

Wichtigste Verben dieses Typs: *advance, allow, assign, bring, deny, drop, extend, give, grant, hand, leave, lend, mail, offer, owe, pass, pay, phone, play, present, promise, quote, read, recommend, rent, sell, send, serve, ship, show, sing, slip, take, teach, telephone, tell, write.*

(1) Bei Verben dieses Typs bestehen für das indirekte Objekt grundsätzlich zwei Stellungsmöglichkeiten:
ohne *to* vor dem direkten Objekt (a, c);
mit *to* nach dem direkten Objekt (b, d).

(2) In der Regel steht das längere und / oder betontere Objekt hinten.
Vergleichen Sie:

	Längeres und / oder betonteres Objekt
She sent her husband	**a picture postcard** (and nothing else).
She sent a picture postcard	**to her husband** (and nobody else).
She sent her husband	**a photo showing her sunbathing on the beach.**
She sent picture postcards	**to her husband, her children, and her friends.**

(3) Ist eines der beiden Objekte ein Pronomen, so bestehen folgende Stellungsmöglichkeiten:
She sent *him* a picture postcard.
She sent   a picture postcard   to *him.*
She sent   *it*   to her husband.
(*Aber nicht:* *She sent her husband *it.*)

(4) Wenn beide Objekte Pronomen sind, so bestehen wiederum zwei Stellungsmöglichkeiten, von denen die letztere nur im britischen Englisch gebräuchlich ist:
She sent it to him. (*Betonung auf* sent *oder auf* him.)
She sent him it. (*Die Betonung liegt hier auf* sent.)

6.13.2. Verben mit zwei Objekten (Verbtyp 2)

	Direktes Objekt	**Indirektes Objekt**
She explained	the problem	**to me.**
He described	the method	**to them.**
They reported	the incident	**to the police.**

Wichtigste Verben dieses Typs: *address, admit, announce, communicate, confess, confide, declare, dedicate, deliver, demonstrate, describe, devote, dictate, distribute, explain, indicate, introduce, mention, outline, point out, propose, prove, recite, repeat, report, return, reveal, say, speak, suggest, surrender.*

Bei Verben dieses Typs wird das indirekte Objekt im Gegensatz zu Verbtyp 1 stets mit *to* angeschlossen.
Die normale Reihenfolge ist: Verb + direktes Objekt + *to* + indirektes Objekt.
Ist das direkte Objekt besonders lang und/oder betont, so kann es ausnahmsweise hinter das indirekte Objekt rücken:
He dictated *to her* some letters of a highly confidential nature.
He explained *to us* the reason why he wanted to change his job.

6.13.3. Verben mit zwei Objekten (Verbtyp 3)

	Indirektes Objekt	Direktes Objekt	Indirektes Objekt
a. He bought	the child	an ice cream.	
b. He bought		an ice cream	for the child.
c. She made	us	some pancakes.	
d. She made		some pancakes	for us.

Wichtigste Verben dieses Typs: *bake, boil, bring, build, buy, call, cash, choose, cook, fetch, find, fry, get, hire, leave, light, make, mix, order, pack, paint, play, reach, reserve, save, sew, type, win.*
Verbtyp 3 entspricht hinsichtlich der für das indirekte Objekt gegebenen Stellungsmöglichkeiten dem in 6.13.1 behandelten Verbtyp 1.   Einziger Unterschied: das indirekte Objekt wird bei Nachstellung nicht mit *to*, sondern mit *for* angeschlossen. (Bei *bring, leave* und *play* kann das indirekte Objekt allerdings sowohl mit *for* als auch mit *to* nachgestellt werden. Vgl. 6.13.1.)

6.13.4. Verben mit zwei Objekten (Verbtyp 4)

	Indirektes Objekt	Direktes Objekt
They asked	him	some questions. stellten ihm ... Fragen
That'll cost	you	a fortune. wird Sie ein Vermögen kosten
I envy	you	your skill. beneide dich um dein Geschick
The police fined	me	ten pounds. gab mir einen Strafzettel über
Please forgive	me	my tactlessness. vergib mir meine Taktl.
They refused	him	permission. verweigerten ihm die Genehm.
It'll save	us	a lot of trouble. wird uns viel Mühe ersp.
The job will take	us	about ten hours. wird uns etwa 10 Std. kost.

In diesen Sätzen kann das indirekte Objekt in der gegebenen Bedeutung nicht mit *to* oder *for* nachgestellt werden. Lediglich bei *ask* ist eine Nachstellung mit *of* möglich: *They asked some questions of me.*

6.13.5. Die Stellung des Objekts bei festen Verb-Adverb-Verbindungen (Phrasal Verbs)

1a. He **switched** the lights **off.**		
1b. He **switched**	**off** the lights.	
1c. He **switched** them	**off.**	
1d. He **switched**	**off** all the lights in the house.	

2a. He **spread** the blanket **out.**	
2b. He **spread**	**out** the blanket.
2c. He **spread** it	**out.**
2d. He **spread**	**out** the new woollen blanket he had bought.

3a. I've **thrown** all the old stuff **away.**	
3b. I've **thrown**	**away** all the old stuff.
3c. I've **thrown** it	**away.**
3d. I've **thrown**	**away** all the old stuff that was in the cellar.

4. She slid open a door at the bottom of a bookcase and **got out** a thick picture album, which she brought to the sofa.
5. Why didn't you **look up** what the word means?

Bei Verb-Adverb-Verbindungen wie *switch off*, *spread out*, *throw away* und *get out* kann das Objekt grundsätzlich sowohl zwischen Verb und Adverb (1a, 2a, 3a) als auch hinter dem Adverb (1b, 2b, 3b) stehen.

Ist das Objekt ein Pronomen, so muß es zwischen Verb und Adverb stehen (1c, 2c, 3c).

Ist das Objekt besonders lang und/oder betont, so steht es hinter der Verb-Adverb-Verbindung (1d, 2d, 3d, 4).

Ist das Objekt ein Nebensatz, so kann es nur hinter der Verb-Adverb-Verbindung stehen (5).

6.13.6. Die prädikative Ergänzung zum Objekt

They **appointed** him branch manager.	sie ernannten ihn zum Filialleiter
We ought to **declare** him the winner.	wir sollten ihn zum Sieger erklären
They **elected** him chairman.	sie wählten ihn zum Vorsitzenden
The Prime Minister **made** him a member of his Cabinet.	
der Premierminister machte ihn zum Mitglied seines Kabinetts	
They have **proclaimed** the country a republic.	
sie haben das Land zur Republik erklärt	

Weitere Verben dieses Typs: *crown, designate, nominate, pronounce, vote.*

(1) Bei Verben des hier dargestellten Typs kann die prädikative Ergänzung anders als im Deutschen direkt (also ohne ein Fügewort wie *zu*) an das Objekt angeschlossen werden.

(2) Auch bei dem Verb *consider* wird die prädikative Ergänzung in der Regel direkt an das Objekt angeschlossen:
I *consider* him   a   genius.
ich halte   ihn   für ein Genie
Dagegen muß es heißen:
I *regard* him *as* a genius.

(3) Zu beachten ist auch die entsprechende Passivkonstruktion:
He was *appointed* branch manager.
He was *elected* chairman.
He was *made* a member of the Cabinet.
He is *considered* a genius.
He is *regarded as* a genius.

6.14. Das Spezialverb have

6.14.1. Formen

Präsens		Präteritum und Partizip Perfekt	-ing-Form
I **have** you **have** we **have** they **have**	he **has** she **has** it **has**	**had**	**having**

Kurzformen:
I've / You've / We've / They've won the game.
He's / She's / It's helped us a lot.
I'd / You'd / We'd / They'd / He'd / She'd expected them earlier.
Haven't you / *Hasn't* he paid the bill yet?
Hadn't they promised to come?

6.14.2. Gebrauch zur Bildung der Perfektformen (vgl. 6.3–6.4)

Hasn't he done a good job?   hat er nicht gute Arbeit geleistet?
I **had** meant to give it to you earlier.
   ich hatte es dir schon früher geben wollen
I'll **have** washed the car by the time you are back.
   bis du zurück bist, habe ich das Auto gewaschen

6.14.3. Gebrauch zum Ausdruck von "müssen" (vgl. 6.21 und 11.29)

I **have to** be back by six.   ich muß bis sechs zurück sein
Don't we all **have to** die some time?   müssen wir nicht alle einmal sterben?
Why did they **have to** shut the factory down?
 warum mußten sie die Fabrik schließen?
We'll **have to** change a lot of things.   wir werden vieles ändern müssen

6.14.4. Gebrauch als Hauptverb

He **has** no enemies.   er hat keine Feinde
I **had** a letter from her yesterday.   ich bekam gestern einen Brief von ihr
When did you last **have** a cold?
 wann hatten Sie das letzte Mal eine Erkältung?
She's going to **have** an operation.   sie wird sich operieren lassen
I was **having** a talk with him the other day.
 ich habe mich neulich mit ihm unterhalten
Did you **have** a look at the book I gave you?
 hast du dir das Buch angeschaut, das ich dir gegeben habe?
She's going to **have** a baby.   sie erwartet ein Kind
When do you normally **have** breakfast?   wann frühstückst du normalerweise?
Don't you **have** your tea with milk?   trinken Sie Ihren Tee nicht mit Milch?
How many cigarettes have you **had** today?
 wie viele Zigaretten hast du heute geraucht?

6.14.5. Have got

He's **got** an interesting job.   er hat einen interessanten Beruf
Have you **got** her address?   haben Sie ihre Adresse?
I **haven't got** your pen.   ich habe deinen Kugelschreiber nicht
Haven't you **got** anything to write with?
 hast du nicht irgendwas zum Schreiben?

You've simply **got to** help them.   du mußt ihnen einfach helfen
Haven't you **got to** work?   müssen Sie nicht arbeiten?

6.14.6. Bildung von Frage und Verneinung bei have

Um Fehler zu vermeiden, sollten Lernende die Frageform und die verneinte Form von *have* immer dann mit *do* bilden, wenn *have* nicht zur Bildung der Perfektformen (einschließlich *have got*) gebraucht wird:

How many children **do you have**? ⎫
How many children **have you got**? ⎬ wie viele Kinder haben Sie?
Did you have a good journey?   hatten Sie eine gute Reise?

We **don't have** enough money. ⎫
We **haven't got** enough money. ⎬ wir haben nicht genug Geld
Women **didn't have** the right to vote in those days.

Why **does anyone have to** learn to read and write?
Did you catch the bus or **did you have to** walk?

Don't you have a photograph of him? ⎫
Haven't you got a photograph of him? ⎬ hast du kein Foto von ihm?
Doesn't he have lunch at the canteen?

Don't the children have to do their lessons?

6.14.7. Had better

You **had better** go to bed now.   du gehst jetzt besser ins Bett
I'd better not stay later than eleven.
    es ist besser, wenn ich nicht länger als bis elf bleibe
Hadn't you better put a coat on?   ziehst du nicht besser einen Mantel an?
We'd better go by train, hadn't we?
    wir fahren wohl besser mit dem Zug, was?

6.15. Das Spezialverb be

6.15.1. Formen

Präsens		Präteritum		Partizip Perfekt	-ing-Form
I am	you are	I was	you were	been	being
he is	we are	he was	we were		
she is	they are	she was	they were		
it is		it was			

Kurzformen:
I'm surprised to see you.
He's / She's / It's a great help.
You're / We're / They're expected to be back by six.
I'm not / He isn't / They aren't to be disturbed.
Wasn't she / Weren't they at home when you called?
Aren't I / Am I not invited?

6.15.2. Gebrauch als Hilfsverb

6.15.2.1. Passiv und Verlaufsform (vgl. 6.9 und 6.5)

Some 50,000 visitors **are** expected. werden erwartet
The bridge **is being** rebuilt. wird zur Zeit wieder aufgebaut
It **was** raining when we left. es regnete, als wir abfuhren
They **were** discussing the question last night. besprachen die Frage

6.15.2.2. Be to = sollen (vgl. 6.22, 6.23 und 11.36)

What **are** we **to** do? was sollen wir tun?
The oil **is to** be delivered this afternoon.
 das Öl soll heute nachmittag geliefert werden
He **was to** become one of the greatest singers of his time.
 er sollte einer der größten Sänger seiner Zeit werden
They **were to** have done it last night.
 sie hatten es gestern abend tun sollen
We **were to** have been met. wir hatten doch abgeholt werden sollen!

6.15.3. Gebrauch als Hauptverb

The concert **was** last night. war/fand statt
Where will the meeting **be**? sein/stattfinden
Have you ever **been** to London? waren Sie schon mal in London?
Has the postman **been** yet? ist der Briefträger schon dagewesen?
Don't **be** long. bleib nicht so lange fort
This cheese **is** 39p a pound. kostet 39 Pence das Pfund
How **are** you? wie geht es dir?

6.15.4. Gebrauch von be mit do

a. **Don't be** a fool! sei doch kein Narr!
 (*Aber:* He *isn't* a fool.)
b. **Don't be** so impatient! sei nicht so ungeduldig!
 (*Aber:* I'*m not* impatient.)

---

c. **Do be** reasonable! sei doch vernünftig!
d. **Do be** careful, please. sei doch bitte vorsichtig!

Frage und Verneinung werden bei *am, are, is, was* und *were* ohne *do* gebildet.
Dagegen muß der verneinte Imperativ mit *do* umschrieben werden (a–b).
Außerdem kann der bejahte Imperativ mit *do* verstärkt werden (c–d; zum "verstärkenden" Gebrauch von *do* vgl. auch 6.16.5).

6.16. Das Spezialverb do

6.16.1. Formen

Präsens		Präteritum	Partizip Perfekt	-ing-Form
I do you do we do they do	he does she does it does [dʌz]	did	done	doing

Kurzformen:
I *don't* / He *doesn't* / We *didn't* know what to do.

6.16.2. Bildung der Frageform mit do

Do you drink whisky?   trinken Sie Whisky?
Does she go there often?   geht sie oft dorthin?
How much **did they charge**?   wieviel haben sie berechnet?

Die Frageform wird grundsätzlich mit *do / does / did* gebildet.   Ausnahmen sind:
(1) Fragesätze, in denen ein Fragewort Subjekt oder Teil des Subjekts ist:
Who gave you this book?
Which of these buses goes to Marble Arch?
Bei verneintem Verb hingegen: *Which of you don't know* the answer?
(2) Die Spezialverben *am / are / is / was / were, can, could, may, might, must, ought, shall, should, will, would*:
Can / Could / May / Might / Shall / Must I use your telephone?
Is / Ought he to leave the lights on?

Zum Gebrauch der *do*-Umschreibung bei *have, need* und *used to* vgl. 6.14.6 (*have*), 6.26 (*need*) und 6.27 (*used to*).

6.16.3. Bildung der verneinten Form mit do

I **don't need** your help.   ich brauche deine Hilfe nicht
He **doesn't understand** this problem.   er versteht dieses Problem nicht
We **didn't want** to invest that much.   so viel wollten wir nicht anlegen

Don't wake the children.   weck die Kinder nicht auf!
Don't you **worry**!   mach du dir keine Sorgen!
Don't be silly.   sei doch nicht blöd!

(1) Die verneinte Form wird grundsätzlich mit *do / does / did* gebildet. Dies gilt nicht für die Spezialverben *am / are / is / was / were, can, could, may, might, must, ought, shall, should, will, would* (vgl. 6.16.2.(2)):
They *can't / couldn't / may not / mightn't / won't / wouldn't* help us.
She *isn't / oughtn't* to be disturbed.
(2) Zum Gebrauch der *do*-Umschreibung bei *have, need* und *used to* vgl. 6.14.6 (*have*), 6.26 (*need*) und 6.27 (*used to*).
(3) Zum Gebrauch der *do*-Umschreibung bei der Bildung des verneinten Imperativs von *be* vgl. 6.15.4.
(4) Bezieht sich *not* nicht auf das finite Verb, sondern auf ein anderes Wort, so wird natürlich nicht mit *do* umschrieben:
She learnt *not only shorthand* but bookkeeping and commercial arithmetic as well.
I tried *not to offend* him.
(5) *Let's* (= *Let us*) kann sowohl mit als auch ohne *do* verneint werden:
Let's not quarrel about it.
Don't let's quarrel about it.

6.16.4. Bildung der verneinten Frageform mit do

Don't you have a dictionary?   haben Sie denn kein Wörterbuch?
Doesn't he know our address?   weiß er unsere Adresse denn nicht?
Didn't they fire him on the spot?
 haben sie ihn denn nicht sofort entlassen?

Üblicherweise wird die verneinte Frageform in der hier dargestellten Weise gebildet.
Relativ selten ist in der gesprochenen Umgangssprache dagegen die Trennung von *do* und *not*, durch die eine besondere Betonung von *not* bewirkt wird:
Does he not know our address?
Did they not tell you where they were going?

6.16.5. "Verstärkender" Gebrauch von do

I **do understand** your difficulties.
 ich verstehe Ihre Schwierigkeiten wirklich
I said I'd phone you, and I **did phone** you.
 und ich habe dich auch wirklich angerufen
She **did look** rather fed up, didn't she?
 sie sah wirklich aus, als ob sie ziemlich sauer wäre, findest du nicht?

Do look after yourself, darling!   paß bloß auf dich auf, Liebling!
Do stop that noise!   hör bloß mit diesem Krach auf!
Do be serious for a moment!   sei doch mal einen Augenblick ernst!

(1) Ein in bejahten Aussagesätzen vor dem Hauptverb stehendes *do* ist stark betont und verleiht der Aussage besonderen Nachdruck.
(2) Zur Verstärkung des bejahten Imperativs von *be* vgl. 6.15.4.

6.16.6. Do als Hauptverb-"Stellvertreter"

a. My wife doesn't drink whisky but I **do**.   aber ich
b. He speaks English but his wife **doesn't**.   aber seine Frau nicht
c. She plays better than he **does**.   sie spielt besser als er
d. I overlooked this mistake, and you **did** too.   und du auch

e. They use a language lab, **don't** they?   nicht wahr?
f. He didn't make you any promises, **did** he?   oder doch?

g. Who sent you those flowers? – Jack Leigh **did**.
h. Do you collect stamps? – Yes, I **do**. / No, I **don't**.
i. You told us a lie. – No, I **didn't**!   nein, das habe ich nicht!
j. Why didn't you warn him? – But I **did**!   aber ich habe es ja!
k. You voted against me! – So I **did**!   ja, das habe ich
l. I rather like him. – So **do** I. / I **do**, too.   ich auch
   (*Aber:* I love you. – **I love you too.**   ich dich auch)
m. I didn't buy anything. – Nor / Neither **did** we. / We **didn't** either.
n. I hate modern music. – I **don't**.   ich aber nicht
o. He once shook hands with the President. – Oh, **did** he?   hat er das?
p. I believe in astrology. – Oh you **do**, do you?   ach, wirklich?

Vgl. auch 6.28.

6.16.7. Gebrauch als Hauptverb (vgl. 11.26)

What are you **doing**?   was machst du da?
His holiday **did** him a great deal of good.   hat ihm sehr gut getan
That sort of thing isn't **done**.   so etwas tut man nicht
Have you **done** the bedroom?   hast du das Schlafzimmer gemacht?
I'm going to **do** the dishes now.   ich werde jetzt das Geschirr abwaschen
She's **doing** her homework.   sie macht gerade ihre Hausarbeiten
I want the steak well **done**.   ich möchte das Steak gut durchgebraten
We've **done** 400 miles today.   wir haben heute 400 Meilen geschafft
How are you **doing**?   wie geht es dir?
How d'you **do**!   (*Vorstellungsformel:*) guten Tag!
We can't **do** without a car.   wir kommen ohne Auto nicht zurecht

6.17. Das Spezialverb can (vgl. 11.22)

> a. Though he's not yet four, he **can** already read and write.
> b. She **can't** drive a car.
> c. I **can** understand that you're depressed.
> d. He **can't** have walked all the way.
> e. **Can** I speak to you a minute?
> f. You **can** come here whenever you like.
> g. You **can** stay with friends when you go there.

Can ist ein unvollständiges Verb: es hat keinen Infinitiv, keine *-ing*-Form, kein Partizip Perfekt und auch kein uneingeschränkt verwendbares Präteritum (vgl. *could*, 6.18).   Die fehlenden Formen müssen deshalb durch andere verbale Ausdrücke mit ähnlicher Bedeutung ersetzt werden.
Mögliche Ersatzkonstruktionen:

a. By this time next year, the boy *will be able to* do / *will know how to* do sums as well.   wird der Junge auch schon rechnen können
b. She *was unable to* get the car started. (*Aber auch:* She *couldn't* get . . .)
   sie konnte den Wagen nicht zum Laufen bringen
c. He doesn't seem *to be able to* understand why you're so depressed.
   er scheint nicht verstehen zu können, warum du so deprimiert bist
d. *It was impossible for him to* walk all the way.
   er konnte nicht den ganzen Weg laufen
   It won't be possible for him to walk all the way.
   er wird nicht den ganzen Weg laufen können
e. *Were you able / allowed / permitted to* speak to him?
   Did you manage to speak to him?
   konnten Sie mit ihm sprechen?
f. You'*ll be welcome to* come here whenever you like.
   Sie werden hierherkommen können, wann Sie wollen
g. I *was able to* stay with friends while I was in New York.   ich konnte

6.18. Das Spezialverb could (vgl. 11.22)

> a. I **could** tell you her address but I won't.   könnte
> b. I **couldn't** do it if I didn't have your support.   könnte nicht
> c. He said he **could** deliver within a week.   er sagte, er könne
> d. **Could** I come in for a moment?   könnte ich?
>
> e. You **could** easily **have broken** your arm.
>   du hättest dir leicht den Arm brechen können
> f. It **couldn't have happened** at a worse time.
>   es hätte zu keinem ungünstigeren Zeitpunkt passieren können

g. He **could** read and write when he was only four.   konnte
h. We didn't see them, but we **could** hear them talking.   konnten
i. There was no one to baby-sit for us, so we **couldn't** leave the house.
   da wir keinen Babysitter hatten, konnten wir das Haus nicht verlassen

Zu a–c: In der Bedeutung *könnte/könne* läßt sich *could* in der Regel durch *would be able to* ersetzen:
I *would be able to* tell you her address ...   könnte dir ihre Adresse sagen
I *wouldn't be able to* do it ...   könnte es nicht tun

Zu d: *Could I* ist höflicher, zögernder, zurückhaltender als *Can I* oder *May I*:
Can I/May I/Could I use your phone for a moment?   kann/darf/könnte ich?

Zu g–i: *Could* ist keine "narrensichere" Entsprechung von *konnte*!   Geht der Vergangenheitsbezug nicht aus dem Zusammenhang hervor, oder handelt es sich um ein positives "Können", "Schaffen", "Gelingen" in einem konkreten Einzelfall, so muß eine Umschreibung wie *was/were able to* oder *managed to* gewählt werden:
The doctor *was able to / managed to* revive the half-drowned child.
I *was able to / managed to* speak to him before he left.
We *were able to / managed to* get back before the storm broke.
Wenn hier auch nur die geringste Gefahr eines Mißverständnisses besteht, sollten Lernende statt *could* eine Umschreibung wie *was/were able to* oder *managed to* wählen.

6.19.   Das Spezialverb may (vgl. 11.10 und 11.22)

a. I **may** look like a fool but I'm not really (one).
   ich mag vielleicht wie ein Dummkopf aussehen
b. If we don't act now, it **may** be too late.
   wenn wir jetzt nicht handeln, ist es vielleicht zu spät
c. I **may** be hearing from you later, then.
   ich höre dann vielleicht später noch von Ihnen
d. You **may** be right.   du magst recht haben/vielleicht hast du recht

e. They **may** have met in London.
   vielleicht haben sie sich in London getroffen
f. He **may** have been held up somewhere.
   vielleicht ist er irgendwo aufgehalten worden

g. You **may** walk for miles here without meeting anyone.
   man kann hier meilenweit gehen, ohne jemandem zu begegnen

h. **May** I ask you a question?   darf ich Ihnen eine Frage stellen?
i. You **may** use our pool whenever you like.
   Sie können unser Schwimmbecken benutzen, wann Sie wollen

j. No one **may** enter without a ticket.   ohne Karte darf niemand herein
k. **May** I help you, or are you already being served?
kann ich Ihnen behilflich sein, oder werden Sie schon bedient?

l. **May** the best man win!   möge der Beste siegen!
m. **May** you always be successful!   mögest du immer Erfolg haben!

(1) *May* steht zum Ausdruck der Möglichkeit (a–g), der Erlaubnis (h–k) und des Wunsches (l–m).

(2) Da *may* wie *can* (vgl. 6.17) keinen Infinitiv, keine -*ing*-Form, kein Partizip Perfekt und auch kein normales Präteritum (vgl. aber *might*, 6.20) hat, werden die fehlenden Formen durch bedeutungsähnliche verbale Ausdrücke ersetzt. Dies gilt besonders für den Gebrauch von *may* in der Bedeutung *dürfen*.

Beispiele:

Präsens: *May* I see the baby?   darf ich das Baby sehen?

Präteritum: I *wasn't allowed/permitted to* see the baby.   durfte nicht

Zukunft: *Will I be allowed/permitted to* see the baby?   werde ich ... dürfen?

Perfekt: So far, I *haven't been allowed/permitted to* see the baby.
bisher habe ich das Baby nicht sehen dürfen

Infinitiv: I hope *to be allowed/permitted to* see the baby.
ich hoffe, das Baby sehen zu dürfen

-*ing*-Form: I insist on *being allowed/permitted to* see the baby.
ich bestehe darauf, daß mir erlaubt wird, das Baby zu sehen

6.20.   Das Spezialverb might (vgl. 11.10 und 11.22)

He **might** be back home by now.   er könnte inzwischen wieder daheim sein
The plane **might** be on time for a change.
die Maschine könnte ja auch mal pünktlich sein

I thought you **might** know something.
ich dachte, du wüßtest vielleicht etwas
She was afraid that he **might** break it.   daß er es kaputtmachen könnte
If you were older, you **might** understand.
wenn du älter wärest, würdest du es vielleicht verstehen

She **might** have known the answer.   sie hätte die Antwort vielleicht gewußt
Another publisher **might** have accepted the novel.
ein anderer Verlag hätte den Roman vielleicht angenommen

Might I ask you a favour?   dürfte ich Sie vielleicht um einen G. bitten?
Might I have a glass of water, please?   könnte ich vielleicht ... haben?

You **might** at least take the trouble to shave every morning.
du könntest dir wenigstens die Mühe machen, dich jeden Morgen zu rasieren
You **might** at least have taken the trouble ...
du hättest dir wenigstens die Mühe machen können

6.21. Das Spezialverb must (vgl. 6.14.3 und 11.29)

a. You **must** study harder.
b. You **must** have patience with me.
c. You **must** stay with us when you come to London.
d. The dog **must** have a certain amount of exercise every day.
e. I have some business to do and I **must** be getting back.
f. **Must** you really go by car?
g. I **must** say you've made remarkable progress.
h. Duty **must** be deducted from the net amount.
i. Why **must** someone always phone me when I'm about to go to sleep?

j. She knew that she **must** obey the rules.
k. He said they **must** have the goods by Wednesday.
l. He told her that she **must** say what she knew.

m. You **must** have misunderstood me.   Sie müssen mich mißverstanden haben
n. If the ice cream is gone, the children **must** have eaten it.
   wenn das Eis alle ist, müssen die Kinder es gegessen haben
o. He **must** have been working hard during the last few months.
   er muß in den letzten Monaten schwer gearbeitet haben

p. I **mustn't** forget to set the alarm clock for half past five.   darf nicht
q. We **must not** be seen together.   man darf uns nicht zusammen sehen

r. **Mustn't** you feed the dog?   mußt du dem Hund nicht sein Fressen geben?

s. I **mustn't** talk so much, **must** I?   ich darf nicht so viel reden, was?
t. Well, if you drink ice-cold beer on an empty stomach, you **must** expect to
   be sick, **mustn't** you?
   dann mußt du damit rechnen, daß dir schlecht wird, nicht wahr?

(1) Für die bei *must* fehlenden Formen steht *have to* als üblichste Umschreibung
zur Verfügung:
You*'ll have to* study harder.   du wirst fleißiger studieren müssen
You *would have to* stay with us if you came to London. du müßtest bei uns wohnen
We *had to* go by car.   wir mußten mit dem Wagen fahren
I*'ve had to* stay in bed most of the time.   habe ... im Bett bleiben müssen

(2) In Fällen, wo sowohl *must* als auch *have to* gebraucht werden können, bezeichnet *must* mehr ein subjektives, also vom Sprecher empfundenes Müssen,
während *have to* eine objektive, d. h. durch die Umstände gegebene Notwendigkeit
ausdrückt:
We *must* be realistic about costs. (= "I feel that we ought to be realistic.")
We *have to* be realistic about costs. (= "Circumstances make it necessary for us
   to be realistic.")

He *must* read it. (= "I feel it would be really good for him to read it.")
He *has to* read it. (= "It is part of his obligations to read it.")

(3) *Mustn't* ['mʌsnt] bzw. *must not* (p–t) drückt nur in verneinten Fragen (r) und angehängten Kurzfragen (t) ein Nicht-Müssen ("muß nicht") aus. In allen anderen Verwendungen (p, q, s) hat *mustn't/must not* den Charakter eines Verbots oder einer negativen Empfehlung ("darf nicht", "muß nicht", "sollte nicht"). Zur Unterscheidung von *mustn't/must not* und *may not* vergleichen Sie:
You *mustn't/must not* smoke here. ("Smoking is not allowed here.")
May I smoke here? – No, you *may not*.
You *mustn't/must not* lose your ticket.
You *may not* enter without a ticket.

(4) Zur sinngemäßen Verneinung von *must* bestehen folgende Möglichkeiten:

We *must* discuss it with him.	We *don't have to* discuss it with him.
	We *don't need to* discuss it with him.
	We're *not obliged to* discuss it with him.
	We *needn't* discuss it with him.
The dog *must* have eaten it.	The dog *can't* have eaten it.

6.22. Das Spezialverb shall (vgl. 6.15.2.2 und 11.36)

Zum Gebrauch von *shall* für zukünftige Handlungen (*I shall/we shall = ich werde/wir werden*) vgl. 6.6.1 und 6.6.4.

a. **Shall** I fetch you a glass of water?	soll ich Ihnen ... holen?
b. **Shall** we invite the Browns as well?	sollen wir?/wollen wir?
c. What **shall** I tell him if he phones again?	was soll ich ihm sagen?
d. Let's have a swim, **shall** we?	
laß(t) uns doch ein bißchen schwimmen gehen, ja?	
e. Let's dine out tonight, darling, **shall** we?	laß uns ..., ja?
f. It **shall** be a secret between us.	es soll ein Geheimnis ... bleiben
g. He **shall** get his money, whatever happens.	er soll sein Geld kriegen
h. You **shall** be the first to be told.	Sie sollen der erste sein, der

(1) Zum Ausdruck von *sollen* steht *shall* häufig in Fragekonstruktionen mit *I* und *we* (a–c): *soll ich? sollen wir?*
(2) *Shall we?* ist das übliche Frageanhängsel nach *Let's* ... (d–e). Vgl. 6.28.3.(5).
(3) Weniger häufig und nicht "narrensicher" ist der Gebrauch von *shall* nach *you, he, she, it, they* und Substantiven zum Ausdruck eines Versprechens (f–h).
(4) Ansonsten ist *be to* die beste Allround-Entsprechung für *sollen* (vgl. 6.15.2.2):
You *are to* come at once.   du sollst sofort kommen
I *am to* wait for him.   ich soll auf ihn warten
He *is to* be informed at once.   er soll sofort benachrichtigt werden

6.23.   Die Spezialverben should und ought to (vgl. 6.15.2.2 und 11.36)

Zum Gebrauch von *should* in der Bedeutung *würde(n)* vgl. 6.7.2.(4).

a. You **should** brush / **ought to** brush your teeth after each meal.
   du solltest dir nach jeder Mahlzeit die Zähne putzen
b. I **shouldn't** be / **oughtn't to** be drinking whisky at this time of day.
   ich sollte um diese Tageszeit keinen Whisky trinken
c. **Shouldn't** you be / **Oughtn't** you to be sitting at your desk working?
   solltest du nicht an deinem Schreibtisch sitzen und arbeiten?

---

d. They **should** be / **ought to** be here by lunchtime.
   sie müßten (eigentlich) bis zum Mittagessen hier sein
e. The price of this swimming pool **should** be / **ought to** be in the neighbourhood of £2,000.   müßte / dürfte so um die 2000 Pfund liegen

---

f. They **should** have / **ought to** have taken the earlier train.
   sie hätten den früheren Zug nehmen sollen
g. He **should** have / **ought to** have returned home last night.
   er hätte (eigentlich) gestern abend wieder zu Hause sein müssen

---

h. Looking back, I **should** think he was quite nice out of business hours.
   rückblickend möchte ich meinen, daß er ... doch recht nett war

---

i. It's funny / odd / strange (that) you **should** say that.
   es ist merkwürdig, daß Sie das sagen
j. I'm very sorry (that) this **should** have happened.
   es tut mir sehr leid, daß das passiert ist
k. She was anxious / determined that her son **should** learn French as well.
   sie war darauf bedacht, daß ihr Sohn auch Französisch lernte
l. He suggested (that) she **should** see a lawyer.
   er schlug vor, daß sie einen Anwalt aufsucht

---

m. Let me know if you **should** change your mind.
   sagen Sie mir Bescheid, falls Sie es sich anders überlegen sollten

(1) In den Sätzen a–g kann bei annähernd gleicher Bedeutung sowohl *should* als auch *ought to* stehen.   In h–m kann *should* nicht durch *ought to* ersetzt werden.

(2) *Sollte* kann auch durch *was/were to* ausgedrückt werden (vgl. 6.15.2.2). Bezieht sich *sollte* auf die Vergangenheit und nicht auf die Gegenwart oder Zukunft, so ist der Gebrauch von *should/ought to* ausgeschlossen:
It would be a pity if you *should* break / *were to* break your lovely neck.
  es wäre schade, wenn du dir deinen reizenden Hals brechen solltest
He *was to* arrive an hour ago.   er sollte vor einer Stunde ankommen
The spare parts *were to* be delivered yesterday morning.
  die Ersatzteile sollten gestern früh angeliefert werden

6.24. Das Spezialverb will (vgl. 11.44)

Zum Gebrauch von *will* für zukünftige Handlungen (*I/you/he/she/it/we/they will go = ich/*usw. *werde gehen*) vgl. 6.6.1 und 6.6.4.

---

a. I **will** have no part in this affair.
   ich will mit dieser Sache nichts zu tun haben
b. If you **will** do that for me, I'll be for ever in your debt.
   wenn Sie das für mich tun wollen
c. I **will** not listen to such tripe.
   so einen Quatsch will ich mir nicht anhören

---

d. **Will** you have a brandy with me?
   wollen Sie einen Brandy mit mir trinken?
e. **Won't** you sit down?   wollen Sie sich nicht setzen?

---

f. He **will** sit for hours watching the sea.
   er pflegt stundenlang dazusitzen und auf das Meer zu schauen
g. Every evening at half past six he **will** withdraw to his study saying he mustn't be disturbed.   pflegt er sich in sein Arbeitszimmer zurückzuziehen

---

h. The back seat **will** hold three passengers.
   der Rücksitz bietet drei Personen Platz
i. The booklet **will** fit into every pocket.   paßt in jede Tasche

---

(1) Wie die Beispiele a–e zeigen, wird *will* mitunter in der Bedeutung *wollen* verwendet.   In f–g drückt *will* eine Gewohnheit aus; in h–i bezeichnet *will* eine "innewohnende Eigenschaft".
(2) Der Lernende jedoch sollte *will* hauptsächlich zum Ausdruck zukünftiger Handlungen gebrauchen (vgl. 6.6.1 und 6.6.4).   In der Bedeutung *wollen* und in den anderen hier dargestellten Bedeutungen ist *will* kein "narrensicheres" Ausdrucksmittel.   Außerdem bieten sich in den meisten Fällen "gefahrlosere" Alternativkonstruktionen an:
a. I *don't want to/*I *refuse to* have any part in this affair.
b. If you're *willing to/*If you're *prepared to* do that for me, I'll be for ever in your debt.
c. I *refuse to/*I'm *not prepared to* listen to such tripe.
d. *Would you like to* have a brandy with me?
   May I invite you to have a brandy with me?
e. *Do* sit down!   *Don't you want to* sit down?
f. He *often sits* for hours watching the sea.
   He *has a habit/*He *is in the habit of sitting* for hours watching the sea.
g. Every evening at half past six he *withdraws* . . .
h. The back seat *holds* three passengers.
i. The booklet *fits* into every pocket.

(3) Die beste Allround-Entsprechung für *wollen* ist *want*:

He *wants to* know what happened.   er will wissen, was passiert ist

Don't you *want to* go swimming?   wollt ihr nicht schwimmen gehen?

(4) Häufig wird *will you* als Frageanhängsel zur höflichen Abschwächung eines Imperativs gebraucht (vgl. 6.28.3.(4)):

Do it first thing tomorrow morning, *will you?*

machen Sie's doch bitte gleich als erstes morgen früh, ja?

Make five carbons, *will you,* Sheila?

machen Sie doch bitte fünf Durchschläge, Sheila, ja?

Won't you ist noch höflicher und auch "vornehmer" als *will you*:

Take a seat, *won't you?*   ach bitte, nehmen Sie doch Platz!

Look after him well, *won't you?*   kümmern Sie sich nur gut um ihn, ja?

6.25. Das Spezialverb would (vgl. 11.44)

Zum Gebrauch von *would* bei der Bildung der Bedingungsform (*I/you/he/she/it/ we/they would go* = *ich*/usw. *würde gehen*) vgl. 6.7.2 und 6.7.3.

a. I offered him my radio, but he **wouldn't** have it.
aber er wollte es nicht haben

---

b. On his way home he **would** often stop here to enjoy the view.
pflegte er hier oft stehenzubleiben, um die Aussicht zu genießen

c. Sometimes he **wouldn't** talk to his wife for days on end.
manchmal pflegte er tagelang nicht mit seiner Frau zu sprechen

---

d. **Would** you post these letters for me, please?
würden Sie bitte diese Briefe für mich einstecken?

---

e. I wish the phone **wouldn't** ring quite so often.
ich wünschte, das Telefon würde nicht ganz so oft klingeln

f. If only the phone **wouldn't** ring quite so often!
wenn doch nur das Telefon nicht ganz so oft klingelte!

(1) Außer in der Bedingungsform wird *would* vor allem noch in den hier dargestellten Fällen gebraucht:

a. in der Bedeutung *wollte* (aber hier ist in der Regel *wanted to* die "narrensicherere" Form!);

b-c. zum Ausdruck gewohnheitsmäßiger Handlungen (vgl. aber das häufigere *used to*, 6.27);

d. zum Ausdruck einer Bitte oder Aufforderung;

e-f. zum Ausdruck eines unerfüllbaren Wunsches.

(2) Zu *would* im *if*-Nebensatz eines Bedingungssatzes vgl. 6.7.2.(6).

(3) Gelegentlich wird *would* auch zur Abschwächung einer Aussage gebraucht:

I *would* advise you against using glass wool here.

ich möchte Ihnen davon abraten, hier Glaswatte zu benutzen

(4) Das Frageanhängsel *would you* dient zur höflichen Abschwächung eines Imperativs (vgl. 6.24.(4) und 6.28.3.(4)):
Bring me the files lying on my desk, *would you*?
Make me an extra strong cup of tea, darling, *would you*?

6.26. Das Spezialverb need (vgl. 11.6)

---

a. You **don't need to** tell us what you saw.
b. You **needn't**   tell us what you saw.
   Sie brauchen uns nicht zu sagen, was Sie gesehen haben

---

c. **Does he** really **need to** go? – Yes, he **does**.
d. **Need he** really go? – Yes, he **must**.
   muß er wirklich gehen?

---

e. He **doesn't need to** help us, does he?
f. He **needn't**   help us, need he?
   er braucht uns nicht zu helfen, oder doch?

---

g. You **need not** have worried.
   du hättest dir keine Sorgen zu machen brauchen
h. You **needn't** have sent the letter by registered post.
   Sie hätten den Brief nicht per Einschreiben zu schicken brauchen

---

i. To get this job done properly, you **need to** call in a specialist.
   wenn Sie diese Arbeit anständig gemacht haben wollen, müssen Sie einen Spezialisten heranziehen
j. You really **didn't need to** insult him.
   du brauchtest ihn wirklich nicht zu beleidigen
k. You never know the hour or the minute when you**'ll need to** consult your Encyclopaedia Britannica.
l. He kept thinking about the slums, what he had seen there and what **was needing to** be done.   und was getan werden mußte

---

m. I **don't need** a dictionary to translate this text.
n. **Do you** still **need** the tools I gave you last week?

Von *need* gibt es eine unvollständige und eine vollständige Variante:
(1) Gleich einem unvollständigen Verb vom Typ *must* kann *need* mit *not* verbunden werden (*need not/needn't*), die Frageform durch Umstellung bilden (*need I?*) und das Hauptverb ohne *to* anschließen (*you needn't go*).   Die Unvollständigkeit zeigt sich darin, daß diese Variante von *need* kein Präteritum, kein Partizip Perfekt, keinen Infinitiv und keine -*ing*-Form hat.   Die Beispiele b, d, f, g und h zeigen den Gebrauch von *need* als unvollständiges Verb.
(2) Gleich einem Verb vom Typ *want* hat die vollständige Variante von *need* alle Formen, d. h. Präteritum, Partizip Perfekt, Infinitiv und -*ing*-Form.   Das vollständige Verb *need* bildet also die verneinte Form und die Frageform mit *do*

(a, c, e, j, m, n), schließt einen nachfolgenden Infinitiv mit *to* an (a, c, e, i, j, k, l).
kann zum Beispiel Vergangenheit (j) und Zukunft (k) ausdrücken und in der Ver-
laufsform stehen (l). Außerdem kann das vollständige Verb *need* ein direktes
Objekt nach sich haben (m, n).
In i kann nur das vollständige Verb *need* stehen, da die unvollständige Variante
auf Sätze fragenden oder verneinenden Charakters beschränkt ist.
Um Fehler zu vermeiden, sollten Lernende *need* im Zweifel immer als vollständiges
Verb konstruieren.

6.27. Das Spezialverb used to

I used to [ˈjuːstə] drink a lot of beer and whisky, but now I only drink mineral
water.   früher habe ich viel Bier und Whisky getrunken

You **used to** wear a beard, **didn't you?**
You **used to** wear a beard, **use(d)n't you?**
Sie haben früher doch mal einen Bart getragen, nicht wahr?

I **didn't use to** like bowling, but now I enjoy it very much.
I **used not to** like bowling, but now I enjoy it very much.
I **use(d)n't to** like bowling, but now I enjoy it very much.
früher hat mir Bowling keinen Spaß gemacht

Did he use to have these headaches when he was a child?
Used he to have these headaches when he was a child?
hatte er diese Kopfschmerzen auch schon als Kind?

Didn't there use to be trees here?
Use(d)n't there to be trees here?
waren hier früher nicht mal Bäume?

Im amerikanischen Englisch werden die Frageform und die verneinte Form von
used to fast immer mit *did* umschrieben.   Auch im britischen Englisch wird
dieser Sprachgebrauch immer häufiger.   Lernenden seien die mit *did* umschrie-
benen Konstruktionen deshalb als "narrensicher" empfohlen:
She used to go there by underground, *didn't she?*
Did she use to go there by underground?
She didn't use to go there by underground, *did she?*
Didn't she use to go there by underground?

6.28. Die Spezialverben in Kurzphrasen

6.28.1. Nach as, than und but

I can't swim as fast **as you can.**
You won't get it any sooner **than I will.**
You aren't in a hurry **but I am.**

Enthält der verbale Ausdruck kein Hilfsverb, so wird das Hauptverb durch eine Form von *do* wieder aufgenommen (vgl. 6.16.6): I *swim* as fast as you *do*.

6.28.2. In Kurzantworten

Who could lend us the money? – Your father **could**.
Are you alone? – Yes, **I am**./No, **I'm** not.
May I leave this stuff here? – No, you **may** not.
Can we stay with you? – Of course you **can**.
You mustn't be late. – No, I **mustn't**, must I?
You must visit your sister. – Yes, I **must**, mustn't I?
You could ruin my career! – So I **could**.   ja, das könnte ich
I'm cold. – So **am** I.   ich auch
I wouldn't trust her. – Nor/Neither **would** I./I **wouldn't** either.
I can swim. – (But) I **can't**.   Ich aber nicht.
He's a big shot in the Labour Party now. – **Is** he?   ist er das?
I've taken up riding. – Oh, **have** you?
I'd fire him. – Oh you **would**, would you?   ach, würdest du das?

Enthält der verbale Ausdruck kein Hilfsverb, so wird das Hauptverb durch eine Form von *do* wieder aufgenommen (vgl. 6.16.6): I *read* The Times. – So *do* I.

6.28.3. In Frageanhängseln (Question Tags, Tail Questions)

(1) Bejahter Satz – verneintes Frageanhängsel:

a. You **live** in London,	**don't you?**
Sie wohnen (doch) in London,	nicht wahr?
b. She's got her passport,	**hasn't she?**
sie hat (doch) ihren Paß,	nicht wahr?
c. He often **has** lunch here,	**doesn't he?**
er ißt hier (doch) oft zu Mittag,	nicht wahr?
d. This **is** the right size,	**isn't it?**
das ist (doch) die richtige Größe,	nicht wahr?
e. I **can** use your soap,	**can't I?**
ich kann (doch) deine Seife benutzen,	nicht wahr?
f. We **ought** to let them know,	**oughtn't we?**
wir sollten ihnen Bescheid sagen,	nicht wahr?

Enthält der verbale Ausdruck ein Hilfsverb, so wird dieses im Frageanhängsel wiederholt (b, d, e, f).   Als Besonderheit verdient Beachtung:
I'm rather late, *aren't I?*
Enthält der verbale Ausdruck kein Hilfsverb, so steht im Frageanhängsel eine Form von *do* (a, c).   Vgl. 6.16.6.

(2) Verneinter Satz – bejahtes Frageanhängsel

They **don't** want the expensive model,	**do they?**
sie wollen doch nicht das teure Modell,	oder?
You **haven't** read the report,	**have you?**
Sie haben den Bericht nicht gelesen,	oder doch?
He **won't** accept a cheque,	**will he?**
er wird wohl keinen Scheck annehmen,	was?

(3) Gelegentlich folgt ein bejahtes Frageanhängsel auf einen bejahten Satz:
So you *live* in the Lake District, *do you?*   Sie wohnen also im Lake District?
Oh, you *know* him, *do you?*   ach, Sie kennen ihn also?
You *want* it on paper, *do you?*   Sie wollen es also schriftlich?

Bei diesem Satztyp handelt es sich um eine Art rhetorische Frage: der Sprecher rekapi-
tuliert etwas, was er bereits richtig gefolgert zu haben glaubt.

Oft hat diese Art von Frage einen ironischen Unterton:
I'*m* underrating your goodness, *am I*, darling?
ich unterschätze wohl deine Rechtschaffenheit, Liebling?

(4) Imperativ – *will you / won't you / would you*

Make us some fresh sandwiches, **will you?**
Make us some fresh sandwiches, **won't you?**
Make us some fresh sandwiches, **would you?**
mach uns doch bitte ein paar belegte Brote, ja?

Vgl. 6.24.(4) und 6.25.(4).

(5) *Let's – shall we*

Let's take some pictures, **shall we?**
laß(t) uns ein paar Aufnahmen machen, ja?

Let's have a cup of coffee, **shall we?**
laß(t) uns eine Tasse Kaffee trinken, ja?

Vgl. 6.22.(2).

7. Die Stellung der Satzglieder

(1) Zur Stellung des bestimmten Artikels vgl. 2.1.3.
(2) Zur Stellung des unbestimmten Artikels vgl. 2.2.3.
(3) Zur Stellung des Adjektivs vgl. 3.1 und 3.1.1.
(4) Zur Stellung des Adverbs vgl. 4.4.
(5) Zur Stellung der Präpositionen in Verbindung mit Interrogativpronomen vgl. 5.4.2.1–4.
(6) Zur Stellung der Präpositionen in Relativkonstruktionen vgl. 5.5.2–7.
(7) Zur Stellung von *by* in Verbindung mit Fragewörtern in Passivsätzen vgl. 6.9.
(8) Zur Stellung der Partikel in Passivsätzen mit Verb-Partikel-Verbindungen vgl. 6.9.2.3.
(9) Zur Stellung der Objekte bei Verben mit zwei Objekten vgl. 6.13.1–4.
(10) Zur Stellung des Objekts bei festen Verb-Adverb-Verbindungen vgl. 6.13.5.
(11) Zur Satzgliedstellung in Fragesätzen mit *do* vgl. 6.16.2.
(12) Zur Satzgliedstellung in verneinten Sätzen mit *do* vgl. 6.16.3.
(13) Zur Satzgliedstellung in verneinten Fragesätzen mit *do* vgl. 6.16.4.

7.1. Die normale Stellung der Satzglieder

7.1.1. Bejahter Aussagesatz

Zeit- oder Ortsbestimmung	Sub-jekt	Verb	Objekt	Orts-bestimmung	Zeit-bestimmung
	We	saw	a partridge	in our garden	yesterday.
Yesterday	we	saw	a partridge	in our garden.	
In our garden	we	saw	a partridge		yesterday.
	They	are showing	a western	at the Odeon	this week.
This week	they	are showing	a western	at the Odeon.	
At the Odeon	they	are showing	a western		this week.
Before I go,	I	will fix	the shelf	in the kitchen.	

Im Englischen ist die Stellung der Satzglieder wesentlich weniger variabel als im Deutschen:
(1) Subjekt, Verb und Objekt bilden zusammen einen festen Kern, der weder durch eine Orts- oder Zeitbestimmung unterbrochen (*Wir sahen gestern in unserem Garten ein Rebhuhn*) noch in der Reihenfolge verändert werden kann (*Bevor ich gehe, werde ich noch das Regal in der Küche festmachen*).
(2) Nach dem Satzkern stehen Orts- und Zeitbestimmungen gewöhnlich in der Reihenfolge "Ort vor Zeit". Vor dem Satzkern treten Orts- und Zeitbestimmung in der Regel nicht zusammen auf.

7.1.2. Verneinter Aussagesatz

Zeit- oder Ortsbestimmung	Sub- jekt	Hilfsverb + n't	Haupt- verb	Objekt	Orts- bestimmung	Zeit- bestimmung
At this hotel	I you I	didn't can't couldn't	see get find	you drinks a seat	at the club on the train	yesterday. after 11 p.m. this morning.
This time	we	won't	have	tea	in the garden.	

7.1.3. Fragesatz

Frage- wort	Hilfs- verb	Sub- jekt	Haupt- verb	Objekt	Orts- bestimmung	Zeit- bestimmung
How Where	did are Shall	you they we	like showing have	it a good film a drink	at the party in the bar	yesterday? this week? after this?

7.1.4. Verneinter Fragesatz

Frage- wort	Hilfsverb + n't	Sub- jekt	Haupt- verb	Objekt	Orts- bestimmung	Zeit- bestimmung
Why	don't Didn't Can't	you they you	have have buy	lunch a swim a new one	in the canteen in the pool at a store	every day? this morning? tomorrow?

7.2. Abweichungen von der normalen Satzgliedstellung

7.2.1. Nachstellung des Subjekts

a. Here **comes my taxi!** (*Aber:* Here **it comes!**)
b. There **is/goes my bus!** (*Aber:* There **it is/goes!**)

c. First/Then/Next/Now **came a visit to the British Museum.**

d. A boss was talking to his newest employee. "I want only hard-working, ambitious men in my firm," **he stressed.**
e. "I always do my best," **replied the new man.**
f. "Everyone says that at the beginning," **countered the boss,** "but how long will you continue to do your best?"
g. "I suppose," **came the reply,** "until I have your job!"

(1) Nach einleitendem *here, there, first, then, next* oder *now* tritt ein substantivisches Subjekt in Sätzen wie a–c hinter das Verb.

(2) In Nachsätzen (d–e) und Zwischensätzen (f–g) zur direkten Rede steht ein substantivisches Subjekt häufig hinter dem Verb (e–g), während ein pronominales Subjekt in der Regel vor dem Verb steht (d).　Besteht der Nach- oder Zwischensatz aus Subjekt, Verb und Objekt, so kann das Subjekt nicht hinter das Verb treten:

"I want a hard-working man," *the boss told* the applicant.

"Narrensicher" sind also die folgenden Konstruktionen:

"I always do my best," *replied the man.*

"I always do my best," *he replied.*

"I always do my best," *the man told* him.

7.2.2.　Die Fragekonstruktion in Nichtfragesätzen

a. Hardly / Scarcely **had we arrived** when it started raining.
   kaum waren wir angekommen, da begann es auch schon zu regnen
b. No sooner **had the mother gone** to sleep than her baby began to scream.
   kaum war die Mutter eingeschlafen, da fing das Baby an zu schreien
c. Only in the last few years **have people been** prepared to investigate
   this problem systematically.
d. Only once in a while **did he seem** to need the comfort of a warm bed.
e. Under no circumstances **will we tolerate** this sort of behaviour.

f. I'll be staying at the Metropolitan Hotel. – So **will I.**
g. I can't understand his behaviour. – Nor / Neither **can we.**

(1) Steht eine verneinende oder einschränkende adverbiale Bestimmung nicht im Satzinneren, sondern besonders betont am Satzanfang, so tritt an die Stelle der normalen Subjekt-Verb-Konstruktion die sonst in Fragesätzen übliche Konstruktion Hilfsverb-Subjekt-Hauptverb (a–e).　Vergleichen Sie:

I have seldom had such bad toothache.
Seldom have I had such bad toothache.

I have rarely seen such beautiful flowers.
Rarely have I seen such beautiful flowers.

Weitere verneinende bzw. einschränkende Ausdrücke dieser Art sind: *in vain, little, neither ... nor, never, not for nothing, not often, not only, not since, not till / until, nowhere, only if, only now, only then, only when; at no time, in no way, on few occasions, on no account.*

(2) Zur Fragekonstruktion in Kurzantworten mit *so, nor* oder *neither* (f–g) vgl. auch 6.16.6 und 6.28.2.

8. ABC der Konjunktionen

after. I felt sick *after* I ate those meatballs.   nachdem

although. *Although* he was ill, he went to work.   obwohl/obgleich
(vgl. *though, even though*)

and. It costs one hundred *and* six marks.   hundertsechs Mark

and. They talked *and* talked but achieved nothing.   sie redeten und redeten

and. The situation is getting worse *and* worse.   wird immer schlimmer

and. It's nice *and* cool in here.   es ist schön kühl hier drinnen

and. Come *and* see us some time.   besuchen Sie uns doch mal!

and. Why don't you try *and* sleep a little while?   warum versuchst du nicht
ein bißchen zu schlafen?

as. She is *as* intelligent *as* she is pretty.   sie ist so intelligent, wie sie hübsch ist

as. *As* the car stopped, two masked men ran up to it.   als das Auto anhielt
(vgl. *when*)

as. The old man felt lonely *as* he had no one to keep him company.
da er niemanden hatte   (vgl. *since, because, for*)

as far as. *As far as* I know, they're not open on Sundays.   soviel ich weiß

as if. He behaved *as if* he owned the place.   als ob (vgl. *as though*)

as long as. You can do what you like *as long as* you do it quietly.   solange
(vgl. *so long as, provided, providing*)

as soon as. They unpacked their bags *as soon as* they arrived.
sobald sie ankamen   (vgl. *when*)

as though. It looked *as though* he didn't know what I was talking about.
als ob er nicht wüßte   (vgl. *as if*)

because. He couldn't go out *because* he was waiting for a phone call.   weil
(vgl. *for, as, since*)

before. Shut the windows *before* you go.   bevor

both. He's *both* a good pianist and a good conductor.   sowohl ... als auch

but. He was invited *but* he did not come.   aber/doch   (vgl. *still, yet*)

but. All *but* the baby were killed in the accident.   alle außer dem Baby

by the time. I'll have finished *by the time* you are back.   bis du zurück bist

considering. *Considering* he's a foreigner, he speaks English quite well.
in Anbetracht der Tatsache, daß

either. The children can *either* watch television or play in the garden.
entweder fernsehen oder im Garten spielen

even if. We'll go *even if* it rains.   auch wenn es regnet

even though. I went to the best hotel *even though* I was almost broke.
obwohl ich fast pleite war   (vgl. *although, though*)

even when. She wears a coat *even when* it's hot.   auch wenn

for. I didn't protest, *for* I knew they wouldn't listen to me.
denn ich wußte   (vgl. *because, since, as*)

how. Nobody knows *how* he did it.   wie

if. *If* we don't lower our prices, we'll soon be out of business.   wenn

if. You can always phone me *if* anything should go wrong.   falls

if. I don't know *if* he wants to come.   ob   (vgl. *whether*)

if. I doubt *if* he knew what he was doing.   bezweifle, daß   (vgl. *whether*)

in case. Leave your address, *in case* I want to get in touch with you.
für den Fall, daß

in order that. I have sent copies to all the other committee members *in order that* everyone may know exactly what is going on.   damit jeder weiß
(vgl. *so, so that*)

like. They ran *like* mad.   sie rannten wie verrückt

like. You look *like* my dog does when he's behaved badly.   wie

neither ... nor. He *neither* drinks *nor* smokes.   weder ... noch

nor. He doesn't smoke, *nor* does he drink.   und er trinkt auch nicht

now (that). *Now (that)* I've read the book, I can understand why it impressed you so much.   jetzt wo ich das Buch gelesen habe

once. *Once* I've paid my debts, I won't worry about money any more.
wenn ich erst mal meine Schulden bezahlt habe   (vgl. *as soon as, when*)

only. They look very nice, *only* we can't use them.   nur/aber   (vgl. *but*)

or. You can either do it yourself *or* pay someone else to do it for you.
entweder ... oder

or else. Put a flower in your buttonhole, *or else* he won't recognize you.
sonst erkennt er dich nicht

or else. Leave it where it is, *or else* you may break it.
sonst machst du es noch kaputt

provided. *Provided* you've told us the truth, you'll have nothing to fear.
wenn/vorausgesetzt, daß   (vgl. *if, providing, as long as, so long as*)

providing. I'll tell you everything, *providing* you keep it a secret.
wenn/unter der Bedingung, daß   (vgl. *if, provided, as long as, so long as*)

since. You've grown a lot *since* I last saw you.   seit(dem)

since. *Since* we can't get him on the phone, we'd better send him a telegram.
da wir ihn telefonisch nicht erreichen können   (vgl. *as*)

so. I didn't know his address, *so* I couldn't get in touch with him.   deshalb

so. He left a message *so* they would know where to find him.   damit
(vgl. *so that, in order that*)

so long as. You can do what you like *so long as* you don't neglect your studies.
solange   (vgl. *as long as, provided, providing*)

so that. I repeated my name three times *so that* there'd be no chance of a mistake.
damit   (vgl. *so, in order that*)

still. She's selfish and tyrannical; *still*, I can't help loving her.
und doch   (vgl. *yet, but*)

supposing. *Supposing* we have been cheated, would it be wise to shout it from the rooftops? angenommen

than. That's easier said *than* done. leichter gesagt als getan

than. She had no sooner shut the door *than* she realized she'd left the key inside. kaum hatte sie die Tür zugemacht, da merkte sie

that. The fact *that* no footprints were found in the garden is easily explained. daß im Garten keine Fußspuren gefunden wurden, läßt sich leicht erklären

that. It was there *that* he first met her. dort lernte er sie kennen

though. I'll support you *though* I'm not convinced that you're doing the right thing. obwohl/obgleich (vgl. *although, even though*)

till. We'll have to wait *till* he comes back. bis (vgl. *until*)

unless. He won't come *unless* you invite him personally. wenn ... nicht

until. The strike will go on *until* an agreement is reached. bis (vgl. *till*)

until. He didn't come *until* the show began. kam erst, als die Vorstellung anfing (vgl. *till*)

when. You looked tired *when* you arrived. als

when. You must come and see us *when* you're in London. wenn

whenever. He goes to see them *whenever* he is in London. immer wenn

where. It's nice *where* he lives. wo er wohnt

where. You can go *where* you like. wohin Sie wollen (vgl. *wherever*)

whereas. He lives in England *whereas* his wife lives in France. während/wohingegen (vgl. *while, but*)

wherever. *Wherever* we went, there were crowds of tourists. wohin wir auch fuhren

whether. I don't know *whether* he is coming. ob (vgl. *if*)

whether. I doubt *whether* this problem can be solved. bezweifle, daß (vgl. *if*)

while. Somebody must have stolen my watch *while* I was in the water. während (vgl. *when*)

while. A good student will do the test in ten minutes *while* a bad one may take as long as half an hour. während/wohingegen (vgl. *whereas, but*)

yet. He practises six hours a day, *yet* he'll never be an outstanding pianist. (und) doch (vgl. *but*)

9. ABC schwieriger präpositionaler Ausdrücke

She was so **absorbed** in her work that she didn't notice him.
in ihre Arbeit vertieft
They found it by **accident**.   sie fanden es zufällig
He got killed in an **accident**.   er kam bei einem Unfall ums Leben
At that time he had $3,000 in his bank **account**.   auf seinem Bankkonto
I have an **account** with Lloyds Bank.   ein Konto bei der Lloyds Bank
He was **accused** of treason.   er wurde des Landesverrats angeklagt
I'm **accustomed** to this kind of treatment.
ich bin an diese Art von Behandlung gewöhnt
The burglars were caught in the **act**.   wurden auf frischer Tat ertappt
I was **acting** on your advice.   ich handelte nach deinem Rat
You'll have to **adapt** yourself to the situation.
du wirst dich der Situation anpassen müssen
He's **addicted** to drugs.   er ist drogensüchtig
We must all **adhere** to this decision.
wir müssen uns alle an diese Entscheidung halten
The matter **admits** of no delay.   duldet keinen Aufschub
He has **admitted** to telling an untruth in this case.
er hat zugegeben, in diesem Fall die Unwahrheit gesagt zu haben
We bought the machine on your **advice**.   auf Ihren Rat hin
He isn't **afraid** of death.   er hat keine Angst vor dem Tod
He arrived in the **afternoon**.   er kam am Nachmittag an
He arrived on the **afternoon** of the eleventh of July.
am Nachmittag des elften Juli
They have now **agreed** on the final wording of the statement.
sie haben sich jetzt über den endgültigen Wortlaut der Erklärung geeinigt
They readily **agreed** to my suggestion.
sie waren ohne weiteres mit meinem Vorschlag einverstanden
I **agree** with you on this point.   in diesem Punkt bin ich mit Ihnen einer Meinung
The sentence **allows** of two interpretations.   läßt zwei Deutungen zu
That's **all right** by/with me.   das ist mir recht
They were **amazed** at/by what he told them.   verblüfft über
She was **amused** at his vanity.   belustigt über seine Eitelkeit
He was white with **anger**.   weiß vor Zorn
He was **angry** about/at the delay.   ärgerlich über die Verzögerung
Are you **angry** with me?   bist du mir böse?
He was **annoyed** at/about/by the way they reacted to his proposal.   verärgert über
She was **annoyed** with the teacher because he laughed at her mistake.
verärgert über den Lehrer

She **apologized** to him for losing her temper.
sie entschuldigte sich bei ihm, weil sie die Nerven verloren hatte
I'm **appalled** at/by the verdict.   ich bin über das Urteil entsetzt
This kind of work would not **appeal** to me.   würde mir nicht zusagen
She has **applied** for a job in the library.
sie hat sich um eine Stelle in der Bibliothek beworben
The act does not **apply** to this case.
die Verordnung bezieht sich nicht auf diesen Fall
He advised me to **apply** to the U.S. Consulate General.
er riet mir, mich an das amerikanische Generalkonsulat zu wenden
She does not **approve** of her husband working overtime every day.
sie billigt es nicht, daß ihr Mann jeden Tag Überstunden macht
When did you **arrive** in London/at the airport?
wann bist du in London/am Flughafen angekommen?
(They **arrived** home just in time for dinner.   kamen ... zu Hause an)
Let me explain how the committee **arrived** at that conclusion.
ich will Ihnen erklären, wie der Ausschuß zu dieser Schlußfolgerung kam
Mrs Bennett has **asked** after/about you.   hat sich nach dir erkundigt
He **asked** her for a glass of water.   er bat sie um ein Glas Wasser
(They **asked** him his name and address.
sie fragten ihn nach seinem Namen und seiner Adresse)
(She **asked** him his fee.   sie fragte ihn nach seinem Honorar)
I have never **asked** a favour of you in my life.
ich habe dich in meinem Leben noch nie um einen Gefallen gebeten
She **assisted** him in organizing the conference.
sie half ihm dabei, die Konferenz zu organisieren
He was **astonished** at being offered such a generous fee.
er war erstaunt darüber, daß ihm so ein großzügiges Honorar angeboten
wurde
To my **astonishment** they didn't ask me to prove my statement.
zu meinem Erstaunen
He knew that any **attempt** at concealment would be futile.
er wußte, daß jeder Versuch einer Verheimlichung zwecklos sein würde
He's an **authority** on commercial law.
er ist eine Autorität auf dem Gebiet des Handelsrechts
He had an **aversion** to easy promises and theatricalized results.
eine Abneigung gegen
He's **bad** at sums.   er ist schlecht im Rechnen
I've never had much money in the **bank**.   auf der Bank
I hope to see him at the **beginning** of August.   Anfang August
In/At the **beginning** he was working alone with only a part-time secretary to help
him.   am Anfang/anfangs arbeitete er allein
He spoke on (*U.S.:* in) **behalf** of his client.   im Namen seines Klienten
He doesn't **believe** in new methods.   er hält nichts von neuen Methoden

Who's going to **benefit** by/from the new arrangement?
wem wird die neue Regelung zugute kommen?
You can't **blame** me for everything that goes wrong.
du kannst mir nicht an allem, was schiefgeht, die Schuld geben
You can't **blame** your misfortunes on me.
du kannst mir nicht die Schuld an deinem Unglück geben
He is **blind** in his left eye.   er ist auf dem linken Auge blind
You needn't **boast** of/about the way you cheat people.
du brauchst nicht damit zu prahlen, wie du die Leute übers Ohr haust
He's a decent sort at **bottom**.   im Grunde ist er ein anständiger Kerl
They fixed up their tent at the **bottom** of the mountain.   am Fuß des Berges
It's at the **bottom** of page 47.   auf Seite 47 unten
There might be a treasure at the **bottom** of the lake.   auf dem Grund des Sees
I **breakfasted** on fresh figs, which I had never eaten before.
zum Frühstück aß ich frische Feigen
I noticed that there was whisky on his **breath**.   daß er nach Whisky roch
Does the train **call** at Bradford?   hält der Zug in Bradford?
Our salesman will **call** on you on Friday the fourteenth.   wird Sie aufsuchen
A victory at the polls is not on (*U.S.:* in) the **cards**.
ein Wahlsieg ist nicht drin
He lost a fortune at **cards**.   er verlor ein Vermögen beim Kartenspielen
He doesn't really **care** about his job.
ihm ist sein Beruf ziemlich gleichgültig
I don't **care** for bourbon.   ich mache mir nichts aus Bourbon(-Whisky)
She took good **care** of the dog.   sie hat sich gut um den Hund gekümmert
Letters to the author of this book should be sent **care** of Max Hueber Verlag.
an die Adresse des Max Hueber Verlags
I don't know for **certain** if the book is still in print.
ich bin mir nicht sicher, ob das Buch noch lieferbar ist
If she doesn't like the present, she can always **change** it for something else.
wenn ihr das Geschenk nicht gefällt, kann sie es immer gegen etwas anderes
umtauschen
Why don't we spend our holiday in the mountains for a **change**?
zur Abwechslung
He may be **charged** with murder.   vielleicht wird er des Mordes angeklagt
I gave him a **cheque** for £200.   einen Scheck über £200
Under/In the **circumstances** it might be best to leave things as they are.
unter diesen Umständen
Under no **circumstances** will we go by car.   unter keinen Umständen
She's very **clever** at handling children.   sehr geschickt im Umgang mit Kindern
He wanted to follow her, but she **closed** the door on him.
sie machte ihm die Tür vor der Nase zu
They discussed the project endlessly, but nothing **came** of it.
aber es wurde nichts daraus

That's what **comes** of trying to do too many things at once!

das kommt davon, wenn man versucht, zu viele Dinge auf einmal zu tun!

They have not **commented** on our proposals yet.

sie haben noch nicht zu unseren Vorschlägen Stellung genommen

I have absolutely nothing in **common** with these idiots.

mit diesen Idioten habe ich nichts gemein

Why didn't you **complain** to the manager about it?

warum haben Sie sich nicht beim Geschäftsführer darüber beschwert?

The patient **complains** of frequent headaches.   klagt über häufige Kopfschmerzen

The guests **complimented** the hostess on her cooking.

machten der Gastgeberin Komplimente über ihre Kochkunst

I'll play a game of chess with you on **condition** that you help me in the kitchen

afterwards.   unter der Bedingung, daß du mir nachher in der Küche hilfst

Has he **confessed** to the crime?   hat er das Verbrechen gestanden?

He has boundless **confidence** in his secretary.

er hat grenzenloses Vertrauen zu seiner Sekretärin

He is **confident** of passing the examination.

er ist überzeugt, daß er die Prüfung bestehen wird

She **congratulated** him on his marvellous success.

sie gratulierte ihm zu seinem herrlichen Erfolg

The committee **consists** of eight members.   besteht aus acht Mitgliedern

Tact **consists** in knowing how far one may go without going too far.

besteht darin, daß man weiß, wie weit man gehen kann, ohne zu weit zu gehen

Let's ask the policeman at the **corner**.   an der Ecke

He posted the letter at the post office on the **corner**.   an der Ecke

You can always **count** on my support.

Sie können immer mit meiner Unterstützung rechnen

The floor was **covered** with old newspapers.   bedeckt mit

He's **crazy** about cars.   er ist ganz versessen auf Autos

Of course you can sue him for **damages**.

Sie können ihn natürlich auf Schadenersatz verklagen

He's **deaf** in one ear.   er ist auf einem Ohr taub

He **deals** in antiques.   er handelt mit Antiquitäten

The book **deals** with the subject in great detail.

das Buch behandelt das Thema in großer Ausführlichkeit

He **delights** in buying presents for the children.

es macht ihm Freude, Geschenke für die Kinder zu kaufen

Her **delight** at seeing him was obvious.   ihre Freude, ihn zu sehen

Cheap cassette recorders are very much in **demand**.   sind sehr gefragt

Many animals **died** from not getting the right food.   starben daran, daß

He **died** of a heart attack.   er starb an einem Herzanfall

London is considerably **different** from New York.   wesentlich anders als

She was **disappointed** at not being able to speak to him.

sie war enttäuscht darüber, daß sie ihn nicht sprechen konnte

I hope you won't be **disappointed** in me.
ich hoffe, du bist nicht von mir enttäuscht
He has a strong **dislike** of working hard.
er hat eine starke Abneigung gegen hartes Arbeiten
She wouldn't **dream** of emigrating to America.
sie denkt nicht im Traum daran, nach Amerika auszuwandern
I **dreamt** about/of you last night.   ich habe heute Nacht von dir geträumt
Who is the girl in the yellow **dress**?   das Mädchen mit dem gelben Kleid
Let's **drink** to his health.   laßt uns auf sein Wohl trinken
Who's been **drinking** from my glass?   wer hat aus meinem Glas getrunken?
The delay is **due** to the strike of the air-traffic control staff.   .
die Verspätung ist auf den Streik des Flugsicherungspersonals zurückzuführen
We're not allowed to smoke while on **duty**.   im Dienst
I never wear a uniform when I'm off **duty**.   wenn ich nicht im Dienst bin
I've been **employed** by/with this company since 1965.
ich bin seit 1965 bei dieser Firma beschäftigt
Mrs Harper is no longer in our **employ**.   ist nicht mehr bei uns beschäftigt
I'm **enclosing** some photos with this letter.
ich lege diesem Brief einige Fotos bei
The next meeting will be at the **end** of May.   wird Ende Mai sein
In the **end** they rejected both proposals.
am Ende/schließlich lehnten sie beide Vorschläge ab
We must put an **end** to these unfair practices.
wir müssen diesen unfairen Praktiken ein Ende setzen
The holidays will soon be at an **end**.   werden bald zu Ende sein
They discussed the matter for hours on **end**.   stundenlang
He's **engaged** in writing a book on the Second World War.
er ist damit beschäftigt, ein Buch über den Zweiten Weltkrieg zu schreiben
She's **engaged** to a young Frenchman.   sie ist verlobt mit
We're not very **enthusiastic** about the plan.
wir sind von dem Plan nicht sehr begeistert
You're **entitled** to an explanation.   Sie haben Anspruch auf eine Erklärung
Can he be **entrusted** with such a responsible task?
kann man ihn mit so einer verantwortungsvollen Aufgabe betrauen?
Can I **entrust** the dog to your care?   kann ich den Hund Ihrer Obhut anvertrauen?
What did you do in the **evening**?   am Abend
What did you do on the **evening** before you left?   am Abend vor Ihrer Abreise
She was **excited** at seeing him.   sie war ganz aufgeregt, ihn zu sehen
We learn from **experience**.   wir lernen durch Erfahrung
I know that from personal **experience**.   aus eigener Erfahrung
He's quite **expert** at/in mending lawn mowers.
er ist recht geschickt im Reparieren von Rasenmähern
He's an **expert** at mending broken hearts.
er ist Fachmann im Reparieren gebrochener Herzen

He's an **expert** in this field.   ein Experte auf diesem Gebiet
He's an **expert** on Chinese poetry.
  er ist ein Experte auf dem Gebiet der chinesischen Lyrik
I agree with you to a certain **extent**.   bis zu einem gewissen Grade
He **failed** (in) the final examination.   er fiel bei der Abschlußprüfung durch
I'm not surprised you've **fallen** in love with her.
  ich wundere mich nicht, daß du dich in sie verliebt hast
Her name seems **familiar** to me.   ihr Name kommt mir bekannt vor
The town is **famous** for its bridges and churches.
  die Stadt ist wegen ihrer Brücken und Kirchen berühmt
He works on a **farm**/at Holford **Farm**.
  er arbeitet auf einer Farm/auf der Holford-Farm
He finds **fault** with everything she does.
  er hat an allem, was sie tut, was auszusetzen
He kept silent for **fear** of saying the wrong thing.
  er schwieg aus Angst, daß er etwas Falsches sagen könnte
Cows **feed** on grass.   Kühe ernähren sich von Gras
We're **feeding** the oats to the horses.   wir verfüttern den Hafer an die Pferde
I don't **feel** like swimming today.   mir ist heute nicht nach Schwimmen zumute
The house is on **fire**!   das Haus brennt!
It's fifty miles by road but only fifteen on **foot**.   zu Fuß
Our players were in top **form** today.   in Höchstform
I'm not on **form**/I'm off **form** today.   ich bin heute nicht in Form
The roads are all **free** from snow.   die Straßen sind alle schneefrei
You can have the tickets **free** of charge.   kostenlos/umsonst
She's **frightened** of ghosts.   sie fürchtet sich vor Gespenstern
Her wardrobe is **full** of new dresses.   voll neuer Kleider
Are you going to reprint the article in **full**?
  werden Sie den Artikel vollständig abdrucken?
You said that just in **fun**, didn't you?
  du hast das doch nur so zum Spaß gesagt, oder?
You shouldn't make **fun** of the way he speaks English.
  du solltest dich nicht lustig machen über die Art, wie er Englisch spricht
You'll need a ladder to **get** at those apples.
  um an diese Äpfel heranzukommen
What are you **getting** at?   worauf wollen Sie hinaus?
He likes to **go** for long walks with his dog.
  er macht gern lange Spaziergänge mit seinem Hund
If they don't get a new manager soon, the whole business will **go** to the dogs.
  wird das ganze Geschäft vor die Hunde gehen
She isn't **good** at map reading.   sie ist nicht gut im Kartenlesen
Are you leaving us for **good**?   verlassen Sie uns für immer?
I'm **grateful** to you for helping us solve this problem.   dankbar dafür, daß
He was found **guilty** of manslaughter.   wurde des Totschlags schuldig befunden

He's in the **habit** of working at night. er hat die Gewohnheit, nachts zu arbeiten
He's an old **hand** at organizing conferences.
  er ist ein alter Hase im Organisieren von Konferenzen
Do you have a map at **hand**? haben Sie eine Landkarte zur Hand?
He usually gets his information at first **hand**. aus erster Quelle
This work is still being done by **hand**. mit der Hand/von Hand
We've got only about £500 in **hand**. wir haben nur etwa £500 verfügbar
He's always on **hand** when he's needed. er ist immer zur Stelle
He learnt the whole speech by **heart**. er lernte die ganze Rede auswendig
She **helped** herself to another piece of cake.
  sie nahm sich noch ein Stück Kuchen
He also has some boats for **hire**. zu vermieten
I have this TV set on **hire**. ich habe diesen Fernseher gemietet
We bought our new colour TV on **hire** purchase. auf Teilzahlung
What do you do as (*U.S.:* for) a **hobby**? als Hobby
When are you going on **holiday**? in/auf Urlaub
(She waited longingly for his return **home**.
  sie wartete sehnsüchtig auf seine Heimkehr)
Let's **hope** for the best. wir wollen das Beste hoffen
She was **horrified** at the mere thought of having to give the child away.
  über den bloßen Gedanken entsetzt
The next round is on the **house**. die nächste Runde geht auf Kosten des Wirts
We must satisfy their **hunger** for knowledge.
  wir müssen ihren Wissensdurst befriedigen
His stomach **hurt** from hunger. tat ihm vor Hunger weh
The President claimed he had been **ignorant** of what was going on.
  der Präsident behauptete, er habe von den Vorgängen nichts gewußt
At the age of six he fell seriously **ill** with mumps.
  im Alter von sechs Jahren erkrankte er schwer an Ziegenpeter
Bureaucrats are usually **immune** against/to progressive ideas.
  Bürokraten sind meistens immun gegen fortschrittliche Ideen
I am **impressed** at the range of your interests.
  ich bin beeindruckt von der Weitläufigkeit Ihrer Interessen
She was deeply **impressed** with what she saw.
  sie war tief beeindruckt von dem, was sie sah
He would be **incapable** of doing such a thing.
  er wäre außerstande, so etwas zu tun
This camera costs $99.50, **inclusive** of tax. einschließlich Steuer
We are **indebted** to you for giving us such detailed information.
  wir sind Ihnen zu Dank verpflichtet dafür, daß
As a politician you can't afford to be **indifferent** to the opinions of the voters.
  gleichgültig gegenüber
Their product is in many respects **inferior** to ours.
  schlechter/minderwertiger als unseres

His wife has far greater **influence** on/over him than anyone else.
  seine Frau hat viel größeren Einfluß auf ihn als irgend jemand anders
Surely you must have great **influence** with the Minister.
  Sie haben doch sicher viel Einfluß beim Herrn Minister
I've just been **informed** of the latest developments.
  ich bin gerade über die neuesten Entwicklungen informiert worden
You ought to **inquire** about the cost involved.
  Sie sollten sich über die damit verbundenen Kosten erkundigen
Everybody **inquired** after you.   alle haben sich nach dir erkundigt
The police are **inquiring** into the incident.   die Polizei untersucht den Vorfall
(The official **inquired** his name.   fragte nach seinem Namen)
He **insisted** on doing it himself.   er bestand darauf, es selbst zu tun
He's not **interested** in money.   er interessiert sich nicht für Geld
I don't wish to **interfere** in your affairs.
  ich möchte mich nicht in Ihre Angelegenheiten einmischen
I hope this love affair doesn't **interfere** with his studies.
  ich hoffe, diese Liebschaft hält ihn nicht vom Studium ab
The chairman **introduced** him to the other members of the committee.
  der Vorsitzende stellte ihn den anderen Mitgliedern des Ausschusses vor
I have **invited** the Browns to/for lunch.
  ich habe die Browns zum Mittagessen eingeladen
This remark is completely **irrelevant** to what we're discussing.
  diese Bemerkung ist für das, was wir besprechen, völlig irrelevant
He was obviously **irritated** at being interrupted.
  er war offensichtlich ärgerlich darüber, daß er unterbrochen wurde
Are you **jealous** of Charles?   bist du eifersüchtig auf Charles?
He **joined** us for lunch.   er aß mit uns zu Mittag
Will you **join** me in a cup of tea?   trinken Sie eine Tasse Tee mit mir?
His wife wept for **joy**.   seine Frau weinte vor Freude
She almost fainted from sheer **joy**.   sie wurde vor lauter Freude fast ohnmächtig
The children laughed with **joy**.   die Kinder lachten vor Freude
Don't **judge** a girl by her looks.
  beurteile ein Mädchen nicht nach ihrem Aussehen!
Judging from what you've been telling me, it might be a worthwhile investment.
  nach dem zu urteilen, was Sie mir gesagt haben
Other people would **jump** at an offer like this.
  andere Leute würden bei einem solchen Angebot mit beiden Händen zugreifen
They **jumped** to their feet.   sie sprangen auf (die Beine)
You shouldn't **jump** to conclusions.   du solltest keine voreiligen Schlüsse ziehen
(She stood back and then **jumped** the ditch.   und sprang dann über den Graben)
I'm not too **keen** on historical novels.   bin nicht allzu scharf auf
He **keeps** his troubles to himself.   er behält seine Sorgen für sich
Can't you **keep** to the point?   kannst du nicht beim Thema bleiben?
It's easy once you've got the **knack** of it.   wenn man es erst mal heraushat

She has a **knack** of (*U.S.:* for) getting what she wants.
sie versteht es, das zu kriegen, was sie haben will
To my **knowledge**, the question was never discussed.   meines Wissens
He gave up his studies for **lack** of money.   aus Geldmangel
He's **lame** in his left leg.   er ist auf dem linken Bein lahm
They were **late** (in) starting.   sie fingen erst spät an
What are you **laughing** about/at?   worüber lachst du?
Everybody **laughed** at the joke.   alle lachten über den Witz
She **left** for London this morning.
sie ist heute morgen nach London abgereist
They **left** the dog with a neighbour when they went on holiday.
sie ließen den Hund bei einem Nachbarn, als sie in Urlaub gingen
At the last meeting this question was discussed at **length**.
bei der letzten Sitzung wurde diese Frage ausführlich diskutiert
Don't **listen** to what he's saying!   hör nicht auf das, was er sagt!
He **lives** by writing language books.
er lebt davon, daß er Sprachbücher schreibt
He **lives** on fifteen pounds a week.   er lebt von fünfzehn Pfund in der Woche
The girl **lives** with her parents.   das Mädchen wohnt bei seinen Eltern
Do they still **live** in London/at Newton Green?   wohnen sie immer noch in
Who will **look** after the dog while I'm away?
wer kümmert sich um/sorgt für den Hund, wenn ich weg bin?
I'm **looking** for my pen.   ich suche meinen Kugelschreiber
It **looks** like rain.   es sieht nach Regen aus
She's very much in **love** with him.   sie ist sehr in ihn verliebt
Are you **mad** with/at me?   bist du mir böse?
The chair is **made** of wood.   der Stuhl ist aus Holz
Cheese is **made** from milk.   Käse wird aus Milch gemacht
She's **married** to a colleague of mine.   ist verheiratet mit
What do you **mean** by that?   was meinen Sie damit?
I'm sure he **means** well by you.   ich bin sicher, er meint es gut mit dir
They crossed the river by **means** of a log placed from bank to bank.
mit Hilfe eines Baumstammes
Can I use your pen for a moment? – By all **means**.   aber gewiß doch!
So far, my efforts to persuade him have not **met** with success.
bisher war meinen Anstrengungen ... kein Erfolg beschieden
We hope the goods will **meet** with your approval.
wir hoffen, daß die Ware Ihre Billigung findet
He played the sonata from **memory**.   aus dem Gedächtnis/auswendig
That's exactly what I had in **mind**.   was mir vorschwebte
He must have been out of his **mind** to sign this contract.
er kann nicht bei Verstand gewesen sein, als er diesen Vertrag unterschrieb
To my **mind**, this would be by far the best solution.   meiner Meinung nach
For the **moment** there was nothing more that he could do.   für den Augenblick

We're short of cash at the **moment**.   im Augenblick
He's always at home in the **morning**.   am Morgen/am Vormittag
The trial began at three minutes past ten on the **morning** of the fourteenth of May.
   am Morgen des vierzehnten Mai
The tourists visiting the Tower of London are for the **most** part foreigners.
   die Touristen … sind zum größten Teil Ausländer
The boy was **named** after (*U.S.*: for) his father.   wurde nach seinem Vater genannt
There's a teacher there by the **name** of Lionel Winterbottom.
   ein Lehrer namens
He joined the Navy under the **name** of Ronald Thornley.   unter dem Namen
She is suspicious by **nature**.   sie ist von Natur aus mißtrauisch
Are you **new** to/a **newcomer** to this city?   sind Sie neu in dieser Stadt?
Maybe I could get a job on a **newspaper**.   bei einer Zeitung
He died in the/during the **night**.   in der Nacht
He died on the **night** of the tenth of May.
   er starb in der Nacht vom zehnten zum elften Mai
We get extra pay for working at **night**.   dafür, daß wir nachts arbeiten
We used to sleep by day and travel by **night**.
   wir schliefen bei Tage und reisten bei Nacht
Why don't you stay over **night**?   warum bleibst du nicht über Nacht?
I couldn't sleep for the **noise**.   wegen des Lärms
They were so deep in conversation that they were **oblivious** of everything else.
   sie waren so ins Gespräch vertieft, daß sie nichts anderes wahrnahmen
He is **obsessed** by/with the thought that everybody is against him.
   er ist besessen von dem Gedanken, daß alle gegen ihn sind
There's no **occasion** for alarm.   es besteht kein Anlaß zur Unruhe
The Chancellor made a short speech on the **occasion** of the signing of the treaty.
   anläßlich der Unterzeichnung des Vertrages
He's an insurance agent by **occupation**.   er ist Versicherungsvertreter von Beruf
Can't you be quiet for **once**?   kannst du nicht ausnahmsweise mal still sein?
At the hospital she was immediately **operated** on.   wurde sie sofort operiert
They think it's an excellent idea, but in my **opinion** it won't work.
   meiner Meinung nach wird es nicht funktionieren
The telly is out of **order**.   der Fernseher ist kaputt
These instruments are not mass-produced but made to **order**.   auf Bestellung
This production of *Hamlet* isn't bad, but it's nothing out of the **ordinary**.
   nichts Ungewöhnliches/nichts Besonderes
She was so **overcome** with horror that she locked herself in her room and began
to cry.   von Entsetzen überwältigt
He doesn't like to work on his **own**.   er arbeitet nicht gern für sich allein
He's still in great **pain**.   er hat immer noch große Schmerzen
The little boy screamed with **pain**.   schrie vor Schmerz
More than ten thousand people took **part** in the competition.
   nahmen an dem Wettbewerb teil

Why didn't you **participate** in the discussion?
warum hast du dich nicht an der Diskussion beteiligt?
He **paid** for the goods by cheque.   er bezahlte die Ware per Scheck
We've got to **pay** some money into our account.
wir müssen Geld auf unser Konto einzahlen
He **persists** in spelling my name with one f.
er beharrt darauf, meinen Namen mit einem f zu schreiben
I'm afraid Mrs Peel will have to come in **person**.
ich fürchte, Frau Peel wird persönlich kommen müssen
Do you recognize the little boy in the **photo(graph)**?   auf dem Foto
What do you see in this **picture**?   auf diesem Bild
You can always wear your old suit at (*U.S.:* in) a **pinch**.   im Notfall
What would you have done if you had been in my **place**?
was hätten Sie getan, wenn Sie an meiner Stelle gewesen wären?
The children are **playing** at Red Indians.   die Kinder spielen Indianer
They were **pleased** at the prospect of a quiet night's sleep.   erfreut über
They were **pleased** with what they saw.   erfreut über das, was sie sahen
Instead of knocking his opponent out, he won only on **points**.   nach Punkten
He's on the **point** of leaving.   er ist im Begriff zu gehen
He won a thousand pounds on the football **pools**.   im Fußballtoto
It sounds good in theory, but will it work in **practice**?   in der Praxis
I lost the match because I was out of **practice**.   aus der Übung
He made me a **present** of the painting.   machte mir das Gemälde zum Geschenk
He isn't here at **present**.   im Augenblick
These errors will have to be eliminated before the book goes to **press**.
bevor das Buch in Druck geht
He seemed **pressed** for time.   er schien in Zeitdruck zu sein
Can't you **prevail** on/upon him to stay?
kannst du ihn nicht dazu bewegen zu bleiben?
She takes tremendous **pride** in her children.   ist enorm stolz auf ihre Kinder
He **prides** himself on speaking English like an Englishman.
er ist stolz darauf, daß er Englisch wie ein Engländer spricht
In **principle** it's quite easy.   an sich/im Prinzip
He doesn't do this sort of thing on **principle**.
er tut so etwas aus Prinzip/grundsätzlich nicht
She's a librarian by **profession**.   sie ist von Beruf Bibliothekarin
May God **protect** me from my friends!
möge Gott mich vor meinen Freunden schützen!
They're **proud** of their tradition.   sie sind stolz auf ihre Tradition
Are you sure he did it on **purpose**?
sind Sie sicher, daß er es mit Absicht getan hat?
His honesty is beyond **question**.   steht außer Zweifel
A trip to America is out of the **question** this year.
eine Amerikareise kommt dieses Jahr gar nicht in Frage

I heard the President's speech on the **radio**.   im Radio
If we go on spending our money at this **rate**, we'll soon be broke.
   wenn wir unser Geld weiter in diesem Tempo ausgeben, sind wir bald pleite
At any **rate**, you don't expect me to work for nothing, do you?   auf jeden Fall
How did he **react** to your proposals?   wie hat er auf Ihre Vorschläge reagiert?
Referring to your letter of July 8, I have to inform you ...
   Bezug nehmend auf Ihren Brief vom 8. Juli muß ich Ihnen mitteilen
If there are any words you don't know, **refer** to a dictionary.
   sehen Sie sie in einem Wörterbuch nach
With **reference** to your letter of July 8 ...   unter Bezugnahme auf
Would you please **refrain** from smoking.
   würden Sie bitte das Rauchen unterlassen
With **regard** to the forthcoming conference he made the following remarks.
   im Hinblick auf die bevorstehende Konferenz
I **regard** him as a highly competent scientist.   ich halte ihn für
He expressed his **regret** at being unable to come.   sein Bedauern darüber, daß
What do you do for **relaxation**?   zur Entspannung
He has been **released** from custody.   er ist aus der Haft entlassen worden
Are you sure your remarks are **relevant** to the subject we're discussing?
   relevant für das Thema, das wir diskutieren
Please **remember** me to your wife.   empfehlen Sie mich bitte Ihrer Gattin
This film **reminds** me of a story I read some time ago.   erinnert mich an
He soon **repented** of his rude words.   er bereute seine groben Worte bald
Metal is gradually being **replaced** by plastic.
   Metall wird allmählich durch Kunststoff ersetzt
We're going to **replace** the old pump with/by a new one.
   wir werden die alte Pumpe durch eine neue ersetzen
So far they haven't **replied** to our letter.   geantwortet auf
Free copies are available on **request**.   auf Wunsch
Illness forced him to **resign** from the committee.
   Krankheit zwang ihn, aus dem Ausschuß auszutreten
(He has **resigned** the chairmanship.   er hat den Vorsitz niedergelegt)
She **resigned** herself to her fate.   sie ergab/fügte sich in ihr Schicksal
Indonesia is **rich** in natural resources.   reich an Bodenschätzen
If you leave your valuables in your room, you do so at your own **risk**.
   auf eigene Gefahr
He was **robbed** of all his valuables.   er wurde seiner gesamten Wertsachen beraubt
As a **rule** we don't go to bed before eleven o'clock.   in der Regel
An expensive machine may be cheaper in the long **run**.
   auf die Dauer/auf lange Sicht
The ship **sails** for Marseilles tomorrow morning.   läuft morgen früh nach M. aus
I'm doing it for your **sake**.   um deinetwillen
The house has been up for **sale** for some time.
   das Haus steht seit einiger Zeit zum Verkauf

Only a lucky coincidence **saved** him from death.   bewahrte ihn vor dem Tode
The train arrived on **schedule**.   kam fahrplanmäßig an
The patient **screamed** with pain.   schrie vor Schmerz
Don't you think we ought to **send** for the doctor?
   meinst du nicht, wir sollten den Arzt kommen lassen?
He's highly **sensitive** to criticism.   sehr empfindlich gegen Kritik
A disused fire station **served** them as/for a clubhouse.
   diente ihnen als Klubhaus
I always **set** my watch by the station clock.
   ich stelle meine Uhr immer nach der Bahnhofsuhr
He **set** the alarm for seven o'clock.   er stellte den Wecker auf sieben Uhr
He **sets** great store by/on being called "Professor".
   er legt großen Wert darauf, mit "Herr Professor" angeredet zu werden
We're rather **short** of cash at the moment.
   wir sind im Moment ziemlich knapp bei Kasse
The little girl is **shy** of strangers.   schüchtern gegenüber Fremden
It was love at first **sight**.   es war Liebe auf den ersten Blick
I know him by **sight**.   ich kenne ihn vom Sehen
When are you **sitting** for the final examination?
   wann legen Sie die Abschlußprüfung ab?
There were no clouds in the **sky**.   es waren keine Wolken am Himmel
She couldn't **sleep** for excitement.   konnte vor Aufregung nicht schlafen
The water **smells** of chlorine.   riecht nach Chlor
She **smiled** at him.   sie lächelte ihn an
There is only one **solution** to our present difficulties.
   es gibt nur eine Lösung für unsere gegenwärtigen Schwierigkeiten
I'd like to **speak** to Mr Brown, please.   ich möchte gern Herrn Brown sprechen
This bookseller **specializes** in language books.   ist spezialisiert auf
We're now flying at a **speed** of 500 m.p.h.
   wir fliegen jetzt mit einer Geschwindigkeit von 500 Meilen in der Stunde
He **spends** most of his money on books.
   er gibt den größten Teil seines Geldes für Bücher aus
The reputation of the school is at **stake**.   steht auf dem Spiel
You shouldn't drink cold beer on an empty **stomach**.   auf nüchternen Magen
I met him in (*U.S.: on*) the **street**.   auf der Straße
The railwaymen are on **strike**.   die Eisenbahner streiken
All these arrangements are **subject** to approval.
   bedürfen der Genehmigung/sind genehmigungspflichtig
I **succeeded** in convincing him.   es gelang mir, ihn zu überzeugen
He **suffers** from high blood pressure.   leidet an zu hohem Blutdruck
Who is the man in the dark-blue **suit**?   der Mann mit dem dunkelblauen Anzug
On the whole our products are **superior** to theirs.
   im großen ganzen sind unsere Erzeugnisse den ihren überlegen
Can we be **sure** of his support?   können wir seiner Unterstützung sicher sein?

She expressed no **surprise** at seeing him.

sie zeigte sich nicht überrascht darüber, daß sie ihn sah

He was **surprised** at the excellent quality of the photos.   war erstaunt über

The house is **surrounded** by trees and bushes.   von Büschen und Bäumen umgeben

He is **suspected** of being involved in the crime.

er steht im Verdacht, in das Verbrechen verwickelt zu sein

He is above **suspicion**.   er ist über jeden Verdacht erhaben

He was arrested on **suspicion** of being a receiver of stolen goods.

er wurde unter dem Verdacht der Hehlerei verhaftet

He is under **suspicion** of murder.   er steht unter Mordverdacht

Most animals are naturally **suspicious** of the veterinarian.

die meisten Tiere sind dem Tierarzt gegenüber natürlicherweise mißtrauisch

The place is **swarming** with police.   wimmelt von Polizisten

The crook **swindled** the old lady out of several hundred pounds.

der Gauner erschwindelte von der alten Dame mehrere hundert Pfund

The boy is intelligent and good-looking; he **takes** after me.

er schlägt mir nach/er kommt auf mich

In his despair he **took** to drink.

in seiner Verzweiflung ergab er sich dem Trunk

I **took** to him at once and we became firm friends.

ich fühlte mich gleich zu ihm hingezogen, und wir wurden feste Freunde

Why don't you **talk** to him about it?   warum besprichst du es nicht mit ihm?

They have excellent beer on **tap**.   vom Faß/im Ausschank

This ice cream **tastes** of soap.   dieses Eis schmeckt nach Seife

He used to play football on the high-school **team**.   in der Schulmannschaft

I'm afraid he's not on the **telephone**.   er hat kein(en) Telefon(anschluß)

What's on **television** tonight?   was gibt's heute abend im Fernsehen?

We have always been on the best of **terms**.

wir haben uns immer prächtig verstanden

What are you **thinking** about?   woran denkst du gerade?

She's **thinking** of moving into a smaller flat.

sie denkt daran, in eine kleinere Wohnung umzuziehen

He collapsed from **thirst** and exhaustion.

er brach vor Durst und Erschöpfung zusammen

He has a great **thirst** for knowledge.   er hat großen Wissensdurst

I can't serve two people at a **time**.   zwei Leute auf einmal

They arrived at the same **time**.   zur gleichen Zeit/gleichzeitig

Will we be in **time** for dinner?   werden wir rechtzeitig zum Essen da sein?

Was the train on **time**?   war der Zug pünktlich?

She was **tired** from walking all the way up the hill.   sie war müde vom Laufen

I'm **tired** of these endless discussions.

ich habe diese endlosen Diskussionen satt

We must be **tolerant** of dissent.

wir müssen anderen Meinungen gegenüber tolerant sein

Will you be going by **train**?   fahren Sie mit dem Zug?
Is this the **train** for/to Glasgow?   ist dies der Zug nach Glasgow?
I met him on the **train** to Glasgow.   ich traf ihn im Zug nach Glasgow
One of the jars got broken in **transit**.   auf dem Transport
The dog **trembled** with fear.   der Hund zitterte vor Angst
They agreed to let me have the machine on **trial**.
    auf Probe/zur Probe/zum Ausprobieren
His employers had complete **trust** in him.   hatten volles Vertrauen zu ihm
Can I **trust** you with so much money?   kann ich dir soviel Geld anvertrauen?
He will be **tried** for manslaughter.   wird wegen Totschlags vor Gericht gestellt
Who can a drug addict **turn** to for help?
    an wen kann sich ein Drogensüchtiger um Hilfe wenden?
This reaction is **typical** of him.   diese Reaktion ist typisch für ihn
He says his wife has been **unfaithful** to him.   seine Frau sei ihm untreu geworden
A book like this is of no **use** to me.   hat für mich keinen Nutzen
We have different **views** on the matter.
    wir sind in dieser Sache verschiedener Ansicht
We have a wonderful **view** of the mountains from this window.
    einen herrlichen Blick auf die Berge
In **view** of the latest figures, we must ask ourselves whether further investments
can really be justified.   angesichts der neuesten Zahlen müssen wir uns fragen,
ob sich weitere Investitionen wirklich rechtfertigen lassen
We took these pictures during our last **visit** to London.
    wir haben diese Aufnahmen bei unserem letzten Besuch in London gemacht
"I love you," she said in a low **voice**.   mit leiser Stimme
Are you **waiting** for me?   warten Sie auf mich?
Let's go for a **walk** in the park.   laß uns einen Spaziergang im Park machen
There were some nice pictures on the **wall**.   an der Wand
We can't wait till they declare **war** on us.   bis sie uns den Krieg erklären
Do you remember that I **warned** you of this danger?
    erinnerst du dich, daß ich dich vor dieser Gefahr gewarnt habe?
You shouldn't **waste** your time on unimportant things like that.
    du solltest deine Zeit nicht mit so unwichtigen Dingen verschwenden
He's **weak** in grammar.   er ist schwach in der Grammatik
Welcome to London!   willkommen in London!
(**Welcome** home, darling!   willkommen zu Haus!)
Her face was **wet** with tears.   tränenbedeckt/tränenfeucht
The lawn was **wet** from the rain.   regennaß
They were **wet** to the skin.   sie waren bis auf die Haut durchnäßt
On the **whole** it has been quite a successful year.   im (großen) ganzen
I'm doing this of my own free **will**.   aus freien Stücken
They're **working** to rule.   arbeiten nach Vorschrift/"bummeln"
Which is the tallest building in the **world**?   das größte Gebäude der Welt
Don't try to put me in the **wrong**.   versuch nicht, mich ins Unrecht zu setzen!

10. ABC der unregelmäßigen Verben

(Das Zeichen * bedeutet, daß auch die regelmäßige Form sehr gebräuchlich ist.)

I am (bin)	I was (war)	I have been (bin gewesen)
we are (sind)	we were (waren)	we have been (sind gewesen)
it arises (entsteht)	it arose (entstand)	it has arisen (ist entstanden)
I bear (trage)	I bore (trug)	I have borne (habe getragen)
		I was born in 1930 (bin 1930 geboren)
I beat (schlage)	I beat (schlug)	I have beaten (habe geschlagen)
I become (werde)	I became (wurde)	I have become (bin geworden)
I begin (beginne)	I began (begann)	I have begun (habe begonnen)
I bend (biege)	I bent (bog)	I have bent (habe gebogen)
I bet (wette)	I bet* (wettete)	I have bet* (habe gewettet)
I bid (biete)	I bid (bot)	I have bid (habe geboten)
I bind (binde)	I bound (band)	I have bound (habe gebunden)
I bite (beiße)	I bit (biß)	I have bitten (habe gebissen)
I bleed (blute)	I bled (blutete)	I have bled (habe geblutet)
I blow (blase)	I blew (blies)	I have blown (habe geblasen)
it breaks (bricht)	it broke (brach)	it has broken (ist gebrochen)
I bring (bringe)	I brought (brachte)	I have brought (habe gebracht)
we broadcast (senden)	we broadcast (sendeten)	we have broadcast (haben gesendet)
I build (baue)	I built (baute)	I have built (habe gebaut)
I burn (verbrenne)	I burnt* (verbrannte)	I have burnt* (habe verbrannt)
it bursts (platzt)	it burst (platzte)	it has burst (ist geplatzt)
I buy (kaufe)	I bought (kaufte)	I have bought (habe gekauft)
I catch (fange)	I caught (fing)	I have caught (habe gefangen)
I choose (wähle)	I chose (wählte)	I have chosen (habe gewählt)
I come (komme)	I came (kam)	I have come (bin gekommen)
it costs (kostet)	it cost (kostete)	it has cost (hat gekostet)
I creep (schleiche)	I crept (schlich)	I have crept (bin geschlichen)
I cut (schneide)	I cut (schnitt)	I have cut (habe geschnitten)
I deal with (befasse mich mit)	I dealt with (befaßte mich mit)	I have dealt with (habe mich befaßt mit)
I dig (grabe)	I dug (grub)	I have dug (habe gegraben)
I do (tue)	I did (tat)	I have done (habe getan)
I draw (ziehe)	I drew (zog)	I have drawn (habe gezogen)
I dream (träume)	I dreamt* (träumte)	I have dreamt* (habe geträumt)
I drink (trinke)	I drank (trank)	I have drunk (habe getrunken)
I drive (fahre)	I drove (fuhr)	I have driven (bin gefahren)
I eat (esse)	I ate (aß)	I have eaten (habe gegessen)

I fall (falle)	I fell (fiel)	I have fallen (bin gefallen)
I feed (füttere)	I fed (fütterte)	I have fed (habe gefüttert)
I feel (fühle)	I felt (fühlte)	I have felt (habe gefühlt)
I fight (kämpfe)	I fought (kämpfte)	I have fought (habe gekämpft)
I find (finde)	I found (fand)	I have found (habe gefunden)
I flee (fliehe)	I fled (floh)	I have fled (bin geflohen)
I fly (fliege)	I flew (flog)	I have flown (bin geflogen)
I forbid (verbiete)	I forbade (verbot)	I have forbidden (habe verboten)
I forget (vergesse)	I forgot (vergaß)	I have forgotten (habe vergessen)
I forgive (verzeihe)	I forgave (verzieh)	I have forgiven (habe verziehen)
it freezes (gefriert)	it froze (gefror)	it has frozen (ist gefroren)
I get (bekomme)	I got (bekam)	I have got (habe bekommen)
I give (gebe)	I gave (gab)	I have given (habe gegeben)
I go (gehe)	I went (ging)	I have gone (bin gegangen)
I grow (wachse)	I grew (wuchs)	I have grown (bin gewachsen)
I hang (hänge)	I hung (hängte)	I have hung (habe gehängt)
	they hanged him (hängten ihn)	he was hanged (wurde gehängt)
I have (habe)	I had (hatte)	I have had (habe gehabt)
I hear (höre)	I heard (hörte)	I have heard (habe gehört)
I hide (verstecke)	I hid (versteckte)	I have hidden (habe versteckt)
I hit (treffe)	I hit (traf)	I have hit (habe getroffen)
I hold (halte)	I held (hielt)	I have held (habe gehalten)
I hurt (ich tue weh)	I hurt (ich tat weh)	I have hurt (ich habe wehgetan)
he is (ist)	he was (war)	he has been (ist gewesen)
I keep (halte)	I kept (hielt)	I have kept (habe gehalten)
I know (weiß)	I knew (wußte)	I have known (habe gewußt)
I lay (lege)	I laid (legte)	I have laid (habe gelegt)
I lead (führe)	I led (führte)	I have led (habe geführt)
I lean (lehne)	I leant* (lehnte)	I have leant* (habe gelehnt)
I learn (lerne)	I learnt* (lernte)	I have learnt* (habe gelernt)
I leave (verlasse)	I left (verließ)	I have left (habe verlassen)
I lend (leihe)	I lent (lieh)	I have lent (habe geliehen)
I let (lasse)	I let (ließ)	I have let (habe gelassen)
I lie (liege)	I lay (lag)	I have lain (habe gelegen)
I light (zünde an)	I lit* (zündete an)	I have lit* (habe angezündet)
I lose (verliere)	I lost (verlor)	I have lost (habe verloren)
I make (mache)	I made (machte)	I have made (habe gemacht)
I mean (meine)	I meant (meinte)	I have meant (habe gemeint)
I meet (treffe)	I met (traf)	I have met (habe getroffen)
I pay (bezahle)	I paid (bezahlte)	I have paid (habe bezahlt)
I put on (ziehe an)	I put on (zog an)	I have put on (habe angezogen)
I read (lese)	I read (las)	I have read (habe gelesen)
I ride (reite)	I rode (ritt)	I have ridden (habe geritten)

I **ring** up (rufe an)	I **rang** up (rief an)	I have **rung** up (habe angerufen)
it **rises** (steigt)	it **rose** (stieg)	it has **risen** (ist gestiegen)
I **run** (renne)	I **ran** (rannte)	I have **run** (bin gerannt)
I **say** (sage)	I **said** (sagte)	I have **said** (habe gesagt)
I **see** (sehe)	I **saw** (sah)	I have **seen** (habe gesehen)
I **seek** (suche)	I **sought** (suchte)	I have **sought** (habe gesucht)
I **sell** (verkaufe)	I **sold** (verkaufte)	I have **sold** (habe verkauft)
I **send** (schicke)	I **sent** (schickte)	I have **sent** (habe geschickt)
I **set** (setze)	I **set** (setzte)	I have **set** (habe gesetzt)
I **shake** (schüttele)	I **shook** (schüttelte)	I have **shaken** (habe geschüttelt)
I **shoot** (schieße)	I **shot** (schoß)	I have **shot** (habe geschossen)
I **show** (zeige)	I **showed** (zeigte)	I have **shown** (habe gezeigt)
it **shrinks** (läuft ein)	it **shrank** (lief ein)	it has **shrunk** (ist eingelaufen)
I **shut** (schließe)	I **shut** (schloß)	I have **shut** (habe geschlossen)
I **sing** (singe)	I **sang** (sang)	I have **sung** (habe gesungen)
it **sinks** (sinkt)	it **sank** (sank)	it has **sunk** (ist gesunken)
I **sit** (sitze)	I **sat** (saß)	I have **sat** (habe gesessen)
I **sleep** (schlafe)	I **slept** (schlief)	I have **slept** (habe geschlafen)
I **smell** (rieche)	I **smelt*** (roch)	I have **smelt*** (habe gerochen)
I **speak** (spreche)	I **spoke** (sprach)	I have **spoken** (habe gesprochen)
I **spell** (buchstabiere)	I **spelt*** (buchstabierte)	I have **spelt*** (habe buchstabiert)
I **spend** (gebe aus)	I **spent** (gab aus)	I have **spent** (habe ausgegeben)
I **split** (spalte)	I **split** (spaltete)	I have **split** (habe gespalten)
I **spread** (breite aus)	I **spread** (breitete aus)	I have **spread** (habe ausgebreitet)
I **stand** (stehe)	I **stood** (stand)	I have **stood** (habe gestanden)
I **steal** (stehle)	I **stole** (stahl)	I have **stolen** (habe gestohlen)
it **stinks** (stinkt)	it **stank** (stank)	it has **stunk** (hat gestunken)
I **strike** (schlage)	I **struck** (schlug)	I have **struck** (habe geschlagen)
I **swear** (schwöre)	I **swore** (schwor)	I have **sworn** (habe geschworen)
I **sweep** (fege)	I **swept** (fegte)	I have **swept** (habe gefegt)
I **swim** (schwimme)	I **swam** (schwamm)	I have **swum** (bin geschwommen)
I **take** (nehme)	I **took** (nahm)	I have **taken** (habe genommen)
I **teach** (unterrichte)	I **taught** (unterrichtete)	I have **taught** (habe unterrichtet)
I **tear** (reiße)	I **tore** (riß)	I have **torn** (habe gerissen)
I **tell** (erzähle)	I **told** (erzählte)	I have **told** (habe erzählt)
I **think** (denke)	I **thought** (dachte)	I have **thought** (habe gedacht)
I **throw** (werfe)	I **threw** (warf)	I have **thrown** (habe geworfen)
I **understand** (verstehe)	I **understood** (verstand)	I have **understood** (habe verstanden)
I **wake** up (wache auf)	I **woke** up (wachte auf)	I have **woken** up (bin aufgewacht)
I **wear** (trage)	I **wore** (trug)	I have **worn** (habe getragen)
I **weep** (weine)	I **wept** (weinte)	I have **wept** (habe geweint)
I **win** (gewinne)	I **won** (gewann)	I have **won** (habe gewonnen)
I **write** (schreibe)	I **wrote** (schrieb)	I have **written** (habe geschrieben)

11. ABC einzelner Sprachgebrauchsprobleme

11.1. "Alle(s)"

All men are equal.   alle Menschen sind gleich
All the neighbours were invited.   alle Nachbarn wurden eingeladen
I wish you **all** the (very) best.   alles Gute
The buses run **every** ten minutes.   alle zehn Minuten
Everybody/Everyone hates him.   alle hassen ihn
They **all** hate him.   sie hassen ihn alle
English for **Everybody/Everyone**   (*Buchtitel:*) Englisch für alle
They put **everything** in one suitcase.   sie taten alles in einen Koffer
He's capable of **anything**.   er ist zu allem fähig

11.2. "Auch"

Bejahtes auch:

He speaks Spanish **too**.	
He speaks Spanish **as well**.	er spricht auch Spanisch
He **also** speaks Spanish.	

Verneintes auch:
He doesn't speak Spanish **either**.   er spricht auch kein Spanisch

She's **both** pretty **and** intelligent.	
She's **not only** pretty **but also** intelligent.	sie ist sowohl hübsch als auch
She's pretty **as well as** intelligent.	intelligent
She's pretty **and** intelligent **as well/too**.	

I'm staying at the Hilton. – **So am I.**   ich auch
I haven't found a hotel yet. – **Nor/Neither have I.**   ich auch nicht

11.3. Ausrufezeichen

Das Ausrufezeichen steht hauptsächlich:
(1) nach Ausrufen: *Ha, ha, ha!   Oh, no!   What a shame!   Good heavens!
Excellent!   At last!   Isn't she cute!   How strong you are!*
(2) in Wunschsätzen: *God forbid!   May he rest in peace!*
(3) in besonders nachdrücklichen Aufforderungssätzen: *Go to hell!   Come
back at once!   Help!   Shut up!   Look out!   Don't say that again!*
(4) allgemein zum Ausdruck eines starken Gefühls: *How dare you!   There you
are!   I'll kill myself!   She loves me!*

11.4. "Beide"

I like **both** pictures.	beide Bilder
I like **the two** colour photos.	die beiden Farbfotos

Both (of) these pictures are very good.	diese Bilder sind beide sehr gut
These **two** pictures are very good.	diese beiden Bilder sind sehr gut

We are **both** very happy.	
Both of us are very happy.	} wir sind beide sehr glücklich

I've invited them **both**.	ich habe sie beide eingeladen
I've invited **both** of them.	ich habe beide eingeladen

Either of the photos would serve our purpose.	
I like **either** photo.	} jedes der beiden Fotos

I've invited **neither** of them.	ich habe sie beide nicht eingeladen
I haven't invited **either** of them.	ich habe keinen von beiden eingeladen

11.5. "Bleiben"

A lot of work **remains** to be done.	es bleibt noch viel Arbeit zu tun
That **remains** to be seen.	das bleibt abzuwarten
He **remained** her friend to the end.	er blieb ihr Freund bis zum Ende
He'll **remain** in office till a successor is found.	er wird im Amt bleiben

How long are you going to **stay**?	wie lange wirst du bleiben?
Why don't you **stay** for supper?	warum bleibst du nicht zum Abendbrot?

Try to **keep** calm!	versuch, ruhig zu bleiben!
Keep well!	bleib gesund!

You'd better **stick** to the truth.	du bleibst besser bei der Wahrheit!
Try to **stick** to the point, will you.	versuch, beim Thema zu bleiben, ja?

11.6. "Brauchen" (vgl. 6.26)

You **needn't** help me.	
You **don't need to** help me.	} Sie brauchen mir nicht zu helfen
You **don't have to** help me.	

How many bottles will you **need**?	wie viele Flaschen werden Sie brauchen?
I don't **need** the saw any more.	ich brauche die Säge nicht mehr

It took him two hours to put it right.	er brauchte zwei Stunden, um
He took two hours to put it right.	es in Ordnung zu bringen

11.7. "Bringen"

Beachten Sie: *bring* ist mehr "herbringen"; *take* ist mehr "wegbringen".

Bring me a bottle of lemonade, please.	bringen Sie mir
Take a bottle of lemonade to the gentleman in room 71.	
bringen Sie dem Herrn auf Zimmer 71 eine Flasche Limonade	
What shall I **take** him?	was soll ich ihm bringen?

The postman has **brought** some letters.	hat einige Briefe gebracht
Can you **take** these letters to the post office, please?	
kannst du bitte diese Briefe auf die Post bringen?	

Bring it here!	bring es her!
Take it there!	bring es hin!

Weitere Entsprechungen von *bringen*:
Have you *put* the children to bed?   hast du die Kinder ins Bett gebracht?
They *saw* her *off* at the station.   sie brachten sie zum Bahnhof
He *saw* her home.   er brachte sie nach Hause

11.8. Bruchzahlen

11.8.1. Gemeine Brüche

$\frac{1}{2}$ = a half / one half	$\frac{3}{4}$ = three quarters / three fourths
$\frac{3}{2}$ = three halves	$\frac{4}{5}$ = four fifths
$\frac{1}{3}$ = a third / one third	$1\frac{1}{2}$ = one and a half
$\frac{2}{3}$ = two thirds	$2\frac{1}{3}$ = two and a third
$\frac{1}{4}$ = a quarter / one quarter	$4\frac{3}{4}$ = four and three quarters

$\frac{1}{2}$ lb butter = half a pound / (*U.S.:*) a half pound of butter
$\frac{1}{4}$ mile = a quarter of a mile
$\frac{5}{8}''$ = five eighths of an inch
$1\frac{3}{4}''$ = one and three-quarter inches / an inch and three quarters
$\frac{145}{360}$ = 145 over 360

He spent *half* an hour (*U.S.:* a *half* hour) at her bedside.   eine halbe Stunde
The buses run every *half* hour.   die Busse verkehren alle halbe Stunde
They sold it (at) *half* price.   zum halben Preis
Half of 52 is 26.   die Hälfte von 52 ist 26
She bought *half* (of) a cake.   sie kaufte einen halben Kuchen
She bought a *quarter* of a pound of butter.   ein Viertelpfund Butter
He received one *third* / a *third* of the money.   ein Drittel des Geldes

11.8.2. Dezimalbrüche

0.56 nought point five six	0,56 null Komma fünf sechs
5.40 five point four nought	5,40 fünf Komma vier null

(1) Der Dezimalpunkt steht im britischen Englisch häufig auf halber Höhe: 0·56, 5·40.

(2) Statt *nought* wird im amerikanischen Englisch *zero* gelesen (vgl. 11.30).

(3) Bei Dezimalbrüchen unter 1 wird die Null vor dem Dezimalpunkt mitunter weggelassen: .56 / ·56 (point five six).

11.9. Datum (vgl. 11.17 und 11.27)

July 16, 1973	July 16th, 1973
16 July, 1973	16th July, 1973
16 July 1973	16th July 1973

July (the) sixteenth, nineteen (hundred and) seventy-three
the sixteenth (of) July, nineteen (hundred and) seventy-three

11.10. "Dürfen" (vgl. 6.19, 6.20, 6.21, 6.23)

May I ask you some questions? – Yes, you **may**.   darf ich? – ja, Sie dürfen
You **mustn't** take these things so seriously.   du darfst . . . nicht
That **can't** be true!   das darf doch nicht wahr sein!
He **wasn't allowed to** leave the house.   er durfte . . . nicht verlassen
Smoking is not **allowed** here.   hier darf nicht geraucht werden
The dog **isn't allowed** (to come) in.   darf nicht herein(kommen)
He **ought to / should** be back by now.   er dürfte inzwischen zurück sein
You **shouldn't** have done that.   das hättest du nicht tun dürfen

11.11. "Erst"

I have to talk to my lawyer **first**.   ich muß erst . . . sprechen
It's **only** half past two.   es ist erst halb drei
We've **only** just finished.   wir sind gerade erst fertig geworden
Once you're my age, you'll think differently about it.
    wenn du erst mal so alt bist wie ich, wirst du anders darüber denken
I **can't** come **before** eight o'clock.   ich kann erst um acht Uhr kommen
It will be six weeks **before** I see her again.
    ich sehe sie erst in sechs Wochen wieder
The error **wasn't** discovered **until** a few days later.
    der Irrtum / Fehler wurde erst ein paar Tage später entdeckt

11.12. "Es" (vgl. 5.1.2.2 und 5.1.4)

The child is sleeping, don't wake **him/her** up.   wecke es nicht auf!
He isn't likely to come.   es ist nicht wahrscheinlich, daß er kommt
I'm glad to see you.   es freut mich, dich zu sehen
I'm surprised he didn't come.   es wundert mich, daß er nicht gekommen ist
There's someone in the garden.   es ist jemand im Garten
There was a knock.   es hat geklopft
There was a lot of dancing.   es wurde viel getanzt
He means well by you.   er meint es gut mit dir

11.13. "Ganz"

I've read the **whole** (of the) book.   das ganze Buch
On the **whole** it was a nice holiday.   im (großen) ganzen
The **whole** of my money was stolen. }
I had **all** my money stolen.   } mein ganzes Geld
I spent the **whole** of that year in America. }
I spent **all** (of) that year in America.   } das ganze Jahr
They played chess the **whole** day long. }
You can't stay in the water **all** day long. } den ganzen Tag lang
That's **quite** a different thing.   das ist etwas ganz anderes
He's **quite** a good player.   er ist ein ganz guter Spieler

11.14. Geld

11.14.1. Währungseinheiten

Großbritannien	Vereinigte Staaten
£1 (one pound) = 100p (a hundred pence)	$1 (one dollar) = 100¢ (a hundred cents)

11.14.2. Münzen

Großbritannien		Vereinigte Staaten	
1p	one penny	1¢	one cent ("a penny")
2p	two pence	5¢	five cents ("a nickel")
5p	five pence	10¢	ten cents ("a dime")
10p	ten pence	25¢	twenty-five cents ("a quarter")
20p	twenty pence	50¢	fifty cents ("a half dollar")
50p	fifty pence		
£1	one pound		

11.14.3. Banknoten

Großbritannien	Vereinigte Staaten
£5 five pounds	$1 one dollar
£10 ten pounds	$5 five dollars
£20 twenty pounds	$10 ten dollars
£50 fifty pounds	$20 twenty dollars
	$50 fifty dollars
	$100 a hundred dollars

11.14.4. Geldbeträge

Großbritannien	Vereinigte Staaten
6p / £0·06 six p(ence)	6¢ / $ .06 six cents
84p / £0·84 eighty-four p(ence)	84¢ / $ .84 eighty-four cents
£7 / £7·00 seven pounds	$7 / $7.00 seven dollars
£1·45 one pound forty-five (p/pence)	$1.45 a dollar forty-five / one forty-five
£86·53 eighty-six pounds fifty-three (p/pence)	$4.75 four dollars (and) seventy-five cents / four seventy-five
£3,986·69 three thousand nine hundred and eighty-six pounds sixty-nine (p/pence)	$232.30 two hundred (and) thirty-two dollars (and) thirty cents
	$3,986.69 three thousand nine hundred (and) eighty-six dollars (and) sixty-nine cents

11.15. Großschreibung

Grundregel: Alle Namen und das Personalpronomen *I* (= *ich*) werden groß geschrieben.

11.15.1. Direkte Rede

> She kissed him good-bye, saying, "Are you sure you've forgotten everything, darling?"
> "Snakes," he said, "are interesting creatures."
> "I don't think we've met," said Churchill. "Are you one of the new chaps?"

Direkte Rede beginnt auch nach einem Komma mit großen Anfangsbuchstaben. Bei unterbrochener direkter Rede beginnt der zweite Teil nur dann mit einem großen Anfangsbuchstaben, wenn es sich um einen vollständigen Satz handelt.

11.15.2. Buchtitel, Überschriften usw.

The Best Way to Stay Healthy	Laying It On Thick
The Rise and Fall of the Third Reich	Waiting It Out
Prosperity Is Just Around the Corner	How to Deal with a Salesman

Groß geschrieben werden das erste Wort, das letzte Wort und alle anderen Wörter mit Ausnahme der Artikel sowie kurzer Präpositionen und Konjunktionen.

11.15.3. Father, Mother, Grandpa usw.

Have you talked it over with **Father/Mother**?
Have you talked to the boy's **father/mother**?

Werden *father*, *mother* usw. wie Namen gebraucht, so werden sie groß geschrieben.

11.15.4. Monate, Wochentage, Jahreszeiten

Die Namen der Monate und Wochentage werden stets groß geschrieben: *January*, *February*, *March* usw. (vgl. 11.27); *Monday*, *Tuesday* usw. (vgl. 11.43).
Die Namen der Jahreszeiten werden im allgemeinen klein geschrieben: *spring*, *summer*, *autumn/fall*, *winter*.

11.15.5. Sir, madam

Can I help you, **sir**?
Are you being served, **madam**?
(*Aber als Anrede in Briefen:*) Dear **Sir(s)**/Dear **Madam**

11.15.6. Schlußformeln in Briefen

With very best wishes, Yours (ever),	With kind regards, Yours sincerely,
Yours faithfully,	Sincerely yours,
Yours (very) truly,	Truly yours,

Die Schlußformel beginnt stets (also auch nach einem Komma) mit einem großen Anfangsbuchstaben.

11.16. Grundzahlen

1	one	21	twenty-one
2	two	30	thirty
3	three	35	thirty-five
4	four	40	forty
5	five	48	forty-eight
6	six	50	fifty
7	seven	60	sixty
8	eight	70	seventy
9	nine	80	eighty
10	ten	90	ninety
11	eleven	100	one hundred / a hundred
12	twelve	101	one hundred and one / a hundred and one
13	thirteen	102	one hundred and two / a hundred and two
14	fourteen	200	two hundred
15	fifteen	346	three hundred and forty-six
16	sixteen	1,000	one thousand / a thousand
17	seventeen	1,101	one thousand one hundred and one
18	eighteen	3,000	three thousand
19	nineteen	100,000	one / a hundred thousand
20	twenty	1,000,000	one million / a million

(1) Bei den Zahlen 13 (*thirteen*) bis 19 (*nineteen*) werden in der Regel jeweils beide Silben betont: *thirteen* ['θə:'ti:n], *fourteen* ['fɔ:'ti:n], *fifteen* ['fif'ti:n] usw.

(2) Zehner und Einer werden durch einen Bindestrich verbunden: *twenty-two*, *ninety-six* usw.

(3) Nach *hundred, thousand* und *million* wird eine Zehner- oder Einerstelle mit *and* angeschlossen: *five hundred and sixty, eight thousand and five.*
Im amerikanischen Englisch kann dieses *and* wegfallen: *five hundred sixty, eight thousand five.*

(4) Bei Zahlen über tausend werden je drei Stellen von rechts durch Komma abgeteilt: 6,000 (*six thousand*), 19,000 (*nineteen thousand*), 785,395 (*seven hundred and eighty-five thousand three hundred and ninety-five*).
Für Jahreszahlen und Telefonnummern gilt diese Regel nicht (vgl. 11.17 und 11.38):
He was born in 1941.   My phone number is 672 7138.

(5) *Hundert* ist *one hundred* oder *a hundred, tausend* ist *one thousand* oder *a thousand*: 115 (*one / a hundred and fifteen*), 1,015 (*one / a thousand and fifteen*).

(6) Handschriftlich werden die Ziffern 1, 6, 7, 9 im Englischen in der Regel wie folgt wiedergegeben: *1 6 7 9*

(7) *Eine Milliarde* ist im britischen Englisch *one / a thousand million(s)* (seltener: *a milliard*), im amerikanischen Englisch dagegen *one / a billion.*

11.17. Jahreszahlen (vgl. 11.9)

He was born in **1936**.	nineteen thirty-six nineteen hundred and thirty-six
1972 was a good year.	nineteen seventy-two nineteen hundred and seventy-two

11.18. "Jeder"

He knows **everybody/everyone**.   er kennt jeden
He knows **each** of them personally.   } er kennt jeden von ihnen
He knows **every one** of them personally.   } persönlich

He has a sweetheart in **every** town.   in jeder Stadt
They have a telly in **each** room.   in jedem Zimmer
He held a pistol in **either** hand.   in jeder Hand
He'll do it in **any** case.   in jedem Fall

Any schoolboy can tell you that.   jeder (x-beliebige) Schuljunge
He'll be back at **any** moment.   er wird jeden Augenblick zurück sein

every, everybody, everyone = jede(r, s) allgemein
each (of), every one (of) = jede(r, s) einzelne (aus einer beschränkten Anzahl)
either = jede(r, s) von zweien
any = jede(r, s) x-beliebige

11.19. "Kein"

We **don't** have **any** tools.   wir haben keine Werkzeuge
She **hasn't** got **a** room of her own.   sie hat kein eigenes Zimmer

He's **no** fool./He **isn't a** fool.   er ist kein Dummkopf
He's **not much of a** gardener.   er ist kein großer Gärtner

Nobody/No one can help me.   mir kann keiner helfen
None of you can help me.   keiner von euch kann mir helfen
Neither of you can help me.   keiner von euch beiden kann mir helfen

I like **neither** of them.   }
I **don't** like **either** of them.   } mir gefällt keiner von beiden
I like **none** of them.   mir gefällt keiner von ihnen

I **don't** know **anybody/anyone** who plays as well as he does.   keinen, der
I **don't** know **any** of his friends.   ich kenne keinen seiner Freunde

11.20. Komma

a. Instead of his sister, Mary came.
b. To her sister, Mary left all her jewels.
c. He who can, does; he who cannot, teaches. (*Shaw*)

d. Lighting a cigarette, he said, "I'm not sure I really want to go."
e. "I don't speak Spanish," he said.

f. John, who is a good friend of mine, gave me some valuable advice.
g. The next day, however, it was raining.

h. He bought a comb, a toothbrush, toothpaste, and a bottle of after-shave.
i. Do you want the dahlias, the tulips, or the roses?

j. I bought some socks, and my wife bought a blouse.
k. Do you want to come with me, or do you want to stay here?

l. If you can't come, please let me know.

m. Dear Sir(s), / Dear Mr Brown,
n. Yours faithfully, / Very truly yours,

Ein Komma steht unter anderem:
(1) Zur Trennung von Wörtern oder Satzteilen, die sonst als zusammengehörig mißverstanden werden könnten (a–c);
(2) vor und nach direkter Rede (d–e);
(3) zur Abhebung von Einschüben im Satz (f–g);
(4) bei längeren Aufzählungen auch vor *and* und *or* (h–i);
(5) zur Trennung aneinandergereihter Hauptsätze (j–k);
(6) nach vorangestellten Nebensätzen (l) (vgl. aber: *Please let me know if you can't come.*);
(7) nach der Anrede (*U.S.:* Doppelpunkt!) und nach der Schlußformel in Briefen (m–n).

Beachtung verdienen die folgenden Fälle, in denen abweichend vom Deutschen kein Komma steht:

I hope__(that) you'll be able to come.   ich hoffe, daß du kommen kannst
I talked to him__when he arrived.   ich sprach mit ihm, als er ankam
People__who have no faults__are terrible.
    Menschen, die keine Fehler haben, sind schrecklich
He said__he couldn't come.   er sagte, er könne nicht kommen
He asked me__to help him.   er bat mich, ihm zu helfen
He came__to collect the money.   er kam, um das Geld zu kassieren

11.21. "Kommen"

When did you **come/get** home yesterday?
wann bist du gestern nach Hause gekommen?
On the first day we only **got** as far as Bournemouth.
am ersten Tag kamen wir nur bis Bournemouth
If he had been caught, he would have **gone** / he would have **been sent** to prison.
wäre er ins Gefängnis gekommen
Where does the sideboard **go**?   wo kommt das Büfett hin?
The boy **starts** grammar school in August.   kommt im August aufs Gymnasium
They **sent for** the doctor.   sie ließen den Arzt kommen
He **was killed** in an accident.   er kam bei einem Unfall ums Leben
That's completely out of the question!   das kommt gar nicht in Frage!

11.22. "Können" (vgl. 6.17–6.20)

Can you help me?   kannst du mir helfen?
The boy **cannot** swim yet.   der Junge kann noch nicht schwimmen
Can she **speak** / Does she **know** any English?   kann sie Englisch?
I won't **be able to** come.   ich werde nicht kommen können
They **may** arrive (at) any moment.   sie können jeden Moment kommen
She **might** have known that we were worried.
sie hätte sich ja denken können, daß wir uns Sorgen machen
He **knows** the poem by heart.   er kann das Gedicht auswendig
You never **know**!   man kann nie wissen!
Fish doesn't agree with her.   sie kann Fisch nicht vertragen

11.23. Kurzformen

aren't [ɑ:nt] = are not
can't [kɑ:nt] = cannot
couldn't [ˈkudnt] = could not
didn't [ˈdidnt] = did not
doesn't [ˈdʌznt] = does not
don't [dəunt] = do not
hadn't [ˈhædnt] = had not
hasn't [ˈhæznt] = has not
haven't [ˈhævnt] = have not
he'd [hi:d] = he would/he had
he'll [hi:l] = he will
here's [hiəz] = here is
he's [hi:z] = he is/he has

I'd [aid] = I would/I should/I had
I'll [ail] = I will/I shall
I'm [aim] = I am
isn't [ˈiznt] = is not
it'll [ˈitl] = it will
it's [its] = it is/it has
I've [aiv] = I have
mayn't [meint] = may not
mightn't [ˈmaitnt] = might not
mustn't [ˈmʌsnt] = must not
needn't [ˈni:dnt] = need not
oughtn't [ˈɔ:tnt] = ought not
shan't [ʃɑ:nt] = shall not

she'd [ʃiːd] = she would / she had
she'll [ʃiːl] = she will
she's [ʃiːz] = she is / she has
shouldn't ['ʃudnt] = should not
that's [ðæts] = that is / that has
there's [ðɛəz] = there is / there has
they'd [ðeid] = they would / they had
they're [ðeə] = they are
they've [ðeiv] = they have
use(d)n't ['juːsnt] = used not
wasn't ['wɔznt] = was not
we'd [wiːd] = we would /
  we should / we had

we'll [wiːl] = we will / we shall
we're [wiə] = we are
weren't [wəːnt] = were not
we've [wiːv] = we have
what's [wɔts] = what is
where's [wɛəz] = where is
who's [huːz] = who is / who has
won't [wəunt] = will not
wouldn't ['wudnt] = would not
you'd [juːd] = you would / you had
you'll [juːl] = you will
you're [juə] = you are
you've [juːv] = you have

(1) Die Kurzformen sind vor allem für die gesprochene Umgangssprache charakteristisch.   In der Schriftsprache können sie ohne Einschränkung in direkter Rede und in informellen Privatbriefen gebraucht werden.   *Don't, doesn't, didn't* sind in der geschriebenen Sprache auch außerhalb der direkten Rede in Zeitungs- und Zeitschriftenartikeln, in Erzähltexten, Berichten, Protokollen usw. sowie in der Geschäftskorrespondenz sehr häufig anzutreffen.

(2) Sollen *not, am, has, have, is, will, would* usw. besonders betont werden, so wird die ungekürzte Form gewählt:
You did ˈnot tell me the truth on that occasion!
  du hast mir bei dieser Gelegenheit eben ˈnicht die Wahrheit gesagt!
But I ˈam ill!   aber ich bin doch wirklich krank!
They ˈhave accepted our proposals, haven't they?

11.24. "Lassen" (vgl. 6.12.2)

Leave/Let me alone for a while, please.   laß mich ... in Frieden!
Why did you **leave** the door open?   warum hast du die Tür offengelassen?
You can **leave** the lights on.   du kannst die Lampen brennen lassen
I can't **leave** him in the lurch.   ich kann ihn nicht im Stich lassen
Her father doesn't **allow** her to go out so late.   läßt sie ... nicht weggehen
The doctor won't **allow** him to get up.   wird ihn nicht aufstehen lassen
He **got** his shoes shined.   er ließ sich die Schuhe putzen
He **had** his hair cut.   er ließ sich die Haare schneiden
They **had** their breakfast brought up to their room.
  sie ließen sich das Frühstück aufs Zimmer bringen
He **made** me feel that he was the boss.   er ließ mich fühlen, daß
They **kept** him waiting.   sie ließen ihn warten
Give me time.   lassen Sie mir Zeit!
Take your time.   lassen Sie sich Zeit!

11.25. Less – fewer (vgl. 3.2.3)

Grundregel: *fewer* bei Pluralsubstantiven; *less* bei Singularsubstantiven:

fewer apples	weniger Äpfel	**less** bread	weniger Brot
fewer cars	weniger Autos	**less** traffic	weniger Verkehr
fewer crimes	weniger Verbrechen	**less** corruption	weniger Korruption

Der Gebrauch von *less* in Verbindung mit Pluralsubstantiven ist aber heute so verbreitet, daß er keinesfalls als falsch angesehen werden kann:
There have been *less* accidents this year.
I encountered *less* difficulties than I had expected.

Handelt es sich dem Sinn nach nicht um "einzeln zählbare" Einheiten, sondern um eine "Gesamtheit", so muß in jedem Fall *less* stehen:
You can't get a room here for *less* than twenty dollars.   (*Geldbetrag, nicht einzelne Dollars!*)
This tree can't be *less* than sixty years old. (*Zeitraum, nicht einzelne Jahre!*)
If you earn less, you will pay *less* taxes. (*Keine einzeln abzählbaren Steuern!*)
Im Zweifel gebrauche man *less*!

11.26. "Machen" (vgl. 6.16.7)

Why don't you **make** some tea?   Tee machen
Make four carbons, please.   Durchschläge machen
We're **making** plans for our holiday.   Pläne machen
I've **made** a discovery.   eine Entdeckung machen
A hundred pence **make** one pound.   hundert Pence machen ein Pfund
Have you **made** the beds?   hast du die Betten gemacht?

Have you **done** the living room?   hast du das Wohnzimmer gemacht?
She's **doing** her hair.   sie macht sich gerade die Haare
What are you **doing** with the scissors?   was machst du mit der Schere?
Have you **done** your homework/your lessons?   Hausaufgaben machen
One can't **do** a thing about it.   dagegen kann man nichts machen
They **do** a lot of business with each other.   Geschäfte machen

How's your partner (**doing**)?   was macht dein Partner?
How much **is** it altogether?   was macht das alles zusammen?
He **went for** a walk/**took** a walk.   er machte einen Spaziergang
He **paid** them a visit yesterday.   er hat ihnen ... einen Besuch gemacht
You can't **hold** me responsible for the damage.
  Sie können mich für den Schaden nicht verantwortlich machen
It doesn't **matter**.   es macht nichts
I'm **not keen on/I don't care for** oysters.   ich mache mir nichts aus Austern

11.27. Monatsnamen

January ['dʒænjuəri]	(Jan.)	**July** [dʒu'lai]	(—)
February ['februəri]	(Feb.)	**August** ['ɔ:gəst]	(Aug.)
March [mɑ:tʃ]	(Mar.)	**September** [sep'tembə]	(Sept.)
April ['eiprəl]	(Apr.)	**October** [ɔk'təubə]	(Oct.)
May [mei]	(—)	**November** [nəu'vembə]	(Nov.)
June [dʒu:n]	(—)	**December** [di'sembə]	(Dec.)

11.28. Much/many – a lot of usw.

a. He has **a lot of/a great deal of/plenty of** money in the bank.
b. He hasn't got **much** money in the bank.
c. How **much** money have you got in the bank?

d. There were **a lot of/a great many/a large number of** people at the meeting.
e. There weren't **many** people at the meeting.
f. How **many** people were there at the meeting?

g. **Much** of what he says makes sense.
h. He gave us as **much** as he could.
i. Never before have we had so little time in which to do so **much**.
j. You can have too **much** of a good thing.

k. **Many** are called, but few are chosen.
l. There were so **many** people in the pool that one could hardly see the water.
m. That's what comes of eating too **many** biscuits!

Much (= *viel*) und *many* (= *viele*) stehen überwiegend in verneinten Sätzen (b,e) und Fragesätzen (c, f).   In bejahten Sätzen kommen *much* und *many* vor allem am Satzanfang (g, k), nach *as* (h), nach *so* (i, l) und nach *too* (j, m) vor. Ansonsten werden in bejahten Sätzen anstelle von *much/many* solche Ausdrücke wie *a lot of*, *a great deal of* und *a great many* (a, d) gebraucht.

11.29. "Müssen" (vgl. 6.14.3 und 6.21)

It **must** have been raining.   es muß geregnet haben
You **mustn't** always give me such expensive presents.   du mußt ... nicht
He **has to** get up at six o'clock every morning.   er muß ... aufstehen
You can pay in advance, but you don't **have to**.   aber Sie müssen es nicht
I've **had to** do it.   ich habe es tun müssen
You **ought to/should** have known that.   hättest ... wissen müssen
That **was bound to** happen.   das mußte ja passieren!
I **couldn't help** laughing/**couldn't but** laugh.   mußte einfach lachen

11.30. "Null"

Four minus four equals **nought** (*U.S.:* **zero**).
3.06: three point **nought** (*U.S.:* **zero**) six
There are three **noughts/ciphers** (*U.S. auch:* **zeros**) in 1,000.
The temperature was ten degrees below **zero**.
My phone number is 69070 [ˈsiks ˈnain ˈəu ˈsevn ˈəu].
They won the game by five goals to **nothing**. Just imagine! Five **nil**!
(*Tennis:*) 15–0 (fifteen **love**), 30–0 (thirty **love**), 40–0 (forty **love**)
The subscription sales of this book were almost **nil** (*U.S.:* **zero**).
Her chances of finding work were practically **nil**.
His chances of success sank to **zero**.
His opponents are nothing more than **ciphers**.   sind glatte Nieten
Contracts made by minors are usually **null** and void.   null und nichtig

11.31. Of-Fügung (vgl. 1.3.2.1)

the roof **of** the house	das Dach des Hauses
the end **of** the road	das Ende der Straße
the members **of** the committee	die Mitglieder des Ausschusses
the first years **of** his life	die ersten Jahre seines Lebens
the daughter **of** the boss	die Tochter des Chefs
a friend **of** the teacher	eine Freundin der Lehrerin
the works **of** Shakespeare	die Werke Shakespeares
the President **of** the United States	der Präsident der Vereinigten Staaten
the capital **of** Switzerland	die Hauptstadt der Schweiz
the driver **of** the car	der Fahrer des Wagens
the author **of** the book	der Autor des Buches
a student **of** medicine	ein Student der Medizin
the girl **of** his dreams	das Mädchen seiner Träume
a bottle **of** beer	eine Flasche Bier
a cup **of** tea	eine Tasse Tee
a glass **of** water	ein Glas Wasser
a plate **of** soup	ein Teller Suppe
a pair **of** shoes	ein Paar Schuhe
a pound **of** butter	ein Pfund Butter
(*aber:*) a dozen eggs	ein Dutzend Eier
the crime **of** treason	das Verbrechen des Landesverrats
the month **of** October	der Monat Oktober
the name **of** Brown	der Name Brown
the city **of** Vienna	die Stadt Wien
the county **of** Sussex	die Grafschaft Sussex

11.32. Ordnungszahlen

Die Ordnungszahl wird gebildet aus der Grundzahl + *-th*:

4th fourth [fɔ:θ]	the **fourth** = der/die/das vierte	
Abweichungen	**5th fifth**	**20th twentieth**
1st first	**8th eighth**	**30th thirtieth**
2nd (*U.S. auch:* **2d**) **second**	**9th ninth**	**40th fortieth**
3rd (*U.S. auch:* **3d**) **third**	**12th twelfth**	usw.

Anwendungsbeispiele:

Geschrieben	Gesprochen
The **20th** century is the century of pollution.	The **twentieth** century is the century of pollution.
The poet celebrated his **85th** birthday in the best of health.	The poet celebrated his **eighty-fifth** birthday in the best of health.
He lives at 451 **121st** Street.	He lives at (number) four hundred and fifty-one, **one hundred and twenty-first** street.
He was born on Monday, **18** September 1961.	He was born on Monday, the **eighteenth** of September, nineteen sixty-one.
George **VI**, who was the **second** son of King George **V**, was born on December **14**, 1895.	George the **sixth,** who was the **second** son of King George the **fifth,** was born on December the **fourteenth,** eighteen hundred and ninety-five.

11.33. Other – another – different

I'm afraid we have no **other** choice.	wir haben keine andere Wahl
A few **other** examples would be useful.	ein paar weitere Beispiele
He comes every **other** day.	jeden zweiten Tag
When I saw him the **other** day, he looked quite healthy. als ich ihn neulich sah, schaute er recht gesund aus	
Some people like him, while **others** don't.	während andere

The two men don't like **each other/one another**.
We must all help **one another/each other**.

They came in one after **another**/after the **other**.	einer nach dem anderen
Why don't you have **another** cup of tea?	noch eine Tasse Tee
After **another** ten days the work was still unfinished. nach weiteren zehn Tagen	

We can do that **another** time.   wir können das ein andermal machen
His shirt got dirty, so he had to put on **another**.   ein anderes
This spoon isn't clean, bring me **another** one, please.   einen anderen
Since his illness he has been **another**/a **different** man.
I can't criticize him. If you criticize him, that's quite **another**/quite a **different**
matter.   wenn Sie ihn kritisieren, ist das was ganz anderes

Every time I see her she's wearing a **different** dress.   ein anderes Kleid
Your camera is **different** from mine.   anders als meine

11.34.   "Sehr"

a. She is **very** happy.   sie ist sehr glücklich
b. The hotel manager was **very** understanding.   war sehr verständnisvoll
c. They were **very** tired.   sie waren sehr müde
d. She speaks English **very** well.   sie spricht sehr gut Englisch

e. I love her **very much**.   ich liebe sie sehr
f. The police have been **much** criticized for their handling of the affair.
    die Polizei ist sehr kritisiert worden

(1) *Very* ist in der Bedeutung *sehr* auf den Gebrauch bei Adjektiven (a–c) und
Adverbien (d) beschränkt.   Bei Verben steht nicht *very*, sondern *much* oder
very much (e–f).

(2) Bei Partizip-Perfekt-Formen wie *impressed, interested* und *upset* schwankt der
Sprachgebrauch, da diese Formen sowohl verbal als auch adjektivisch gebraucht
werden können:

I was **very impressed**/**much impressed**/**very much impressed** by the accuracy
    and fairness of your account.   war sehr beeindruckt von
I'm not **very interested**/**much interested**/**very much interested** in making money.
    ich bin nicht sehr interessiert
He was **very upset**/**much upset**/**very much upset** at the prospect of leaving his
    family.   er war sehr bestürzt über

Hat die Partizip-Perfekt-Form jedoch eindeutig den Charakter eines Verbs (und
nicht eines Adjektivs), so kann nur *much* oder *very much* gebraucht werden:
A contribution from you would be *much*/*very much appreciated*.

(3) Eine häufig gebrauchte Entsprechung des deutschen *sehr* ist auch das Adverb
greatly:
He was *greatly* refreshed after a long sleep and a bath.   sehr erfrischt
He is a man *greatly* respected for his courage, honesty, and integrity.

11.35. "Sich" (vgl. 5.3.2.1)

They bought **each other/one another** presents.
  sie kauften sich (= einander) Geschenke
They bought **themselves** warm clothes.
  sie kauften sich (= für sich selbst) warme Kleidung

They looked at **each other/at one another.**
  sie schauten sich (= einander) an
She looked at **herself** in the mirror.
  sie schaute sich (= sich selbst) im Spiegel an

He was beside **himself** with rage.   er war außer sich vor Wut
We left them to **themselves.**   wir überließen sie sich selbst
One can easily fool **oneself.**   man kann sich leicht selbst etwas vormachen
She hadn't any money on **her.**   sie hatte kein Geld bei sich
He broke **his** arm.   er brach sich den Arm
They met at the station.   sie trafen sich am Bahnhof

11.36. "Sollen" (vgl. 6.15.2.2, 6.22 und 6.23)

He **was to** regret that decision soon.   er sollte ... bald bereuen
How **am I (supposed) to** solve that problem?   wie soll ich ... lösen?
Am I supposed to eat all that?   soll ich das alles essen?
He **is said to / is supposed to** have known nothing about it.
  er soll nichts davon gewußt haben
He **is said to** be in financial difficulties.
  er soll in finanziellen Schwierigkeiten sein
Is he really **expected to** apologize?   soll er sich wirklich entschuldigen?
Tell him to wait.   sag ihm, er soll warten
Shall I wait here?/**Do you want me to** wait here?   soll ich hier warten?
You **ought to/should** be thankful for what you have.
  du solltest dankbar sein für das, was du hast

11.37. Some – any

a. There's **some** beer in the fridge.   es ist Bier im Kühlschrank
b. Is there **anything** to drink in the fridge?   etwas zu trinken
c. I'm afraid there isn't **any** beer in the fridge.   es ist kein Bier im K.
d. Isn't there **some** beer in the fridge?   ist denn kein Bier im Kühlschrank?
e. Would you like **some** beer?   möchten Sie gern etwas Bier?
f. I don't know whether there's **any** beer in the fridge.
  ich weiß nicht, ob Bier im Kühlschrank ist
g. If there's **any** beer in the fridge, I'll have **some.**
  wenn Bier im Kühlschrank ist, dann trinke ich welches

h. I have **some** nice photos to show you.　einige hübsche Fotos
i. Do you have **any** snapshots of the dog?
　hast du (irgendwelche) Schnappschüsse von dem Hund?
j. No, I'm afraid I haven't **any** of the dog.　ich habe keine von dem Hund
k. But you shot **some** close-ups of Linda, didn't you?
　aber du hast doch ein paar Nahaufnahmen von Linda gemacht, nicht wahr?
l. Yes, I did. Here they are. Shall I have **some** enlargements made for you?
　soll ich dir ein paar Vergrößerungen machen lassen?
m. Yes, please do. I must say I don't know **anybody/anyone** who's a better
　photographer than you are.　ich kenne niemanden
n. Oh, it's just because I have a good camera. **Any** child can take good
　pictures with a fully automatic camera.　jedes Kind

Grundregel: _Some_ bezeichnet etwas tatsächlich Vorhandenes oder als vorhanden
Angenommenes, während _any_ das Vorhandensein der bezeichneten Sache in Frage
stellt oder verneint.　Daraus folgt:
(1) _Some_ steht in bejahten Aussagesätzen (a, h, 2. Hälfte von g).
(2) _Some_ steht in Fragesätzen, auf die eine bejahende Antwort erwartet wird (d, k).
(3) _Some_ steht in Fragesätzen, die den Charakter einer Einladung, eines Angebots
oder einer Aufforderung haben (e, l).
(4) _Any_ steht in Fragesätzen, auf die sowohl bejahend als auch verneinend geantwortet werden könnte (b, i).
(5) _Any_ steht in verneinten Aussagesätzen (c, j, m).
(6) _Any_ steht nach _if/whether_ (= ob) und nach _if_ (= _wenn; falls_), wenn Ungewiß-
heit über das Vorhandensein der bezeichneten Sache zum Ausdruck gebracht
werden soll (f, 1. Hälfte von g).
Außerdem steht _any_ im bejahten Satz in der Bedeutung _jede(r, s) x-beliebige_ (n).

Weitere Beispiele:

I'm sure you'll get it back **some** day.　eines Tages
I have **some** ten calls to make.　etwa/ungefähr zehn Anrufe/Besuche
Had I been watched? Had **someone** followed me?　war mir jemand gefolgt?
Is **something** wrong? Did I do **something** you didn't like?
　stimmt etwas nicht? habe ich etwas getan, was du nicht willst?
Would you like **something**? Refreshment of **some** kind? An aperitif, **anything**
　like that?　einen Aperitif oder irgend so etwas?
There's hardly **any** tea left.　es ist kaum noch Tee übrig
I doubt if she speaks **any** French.　ich bezweifle, daß sie F. spricht
The information girl can tell you **anything** you want to know.
　die Dame an der Auskunft kann dir alles sagen, was du wissen willst
I must warn you that **anything** you say will be taken down in writing and may
　be given in evidence.　alles, was Sie sagen

11.38. Telefonnummern

My number is 407 9060 ['fɔːr 'əu 'sevn 'nain 'əu 'siks 'əu].
Dial 760 8500 ['sevn 'siks 'əu 'eit 'faiv 'dʌbl 'əu] and ask for
extension 70 ['sevn 'əu].   Apparat 70
Operator, get me number 9600 ['nain 'siks 'dʌbl 'əu].

11.39. This – that

Grundsätzlicher Unterschied: *This/these* bezeichnet das örtlich, zeitlich oder gedanklich näher Liegende; *that/those* bezeichnet das örtlich, zeitlich oder gedanklich ferner Liegende.
(Zum Gebrauch des Stützworts *one* nach *this/that* vgl. 3.5.2.)

This is a manual typewriter, and **that** is an electric one.	dies ... das da
These are horses, and **those** are mules.	dies sind ... und das da sind

I like **this** country.   (*d. h.: das Land, in dem ich mich gerade befinde*)
I didn't like **that** country very much.   (*d. h.: ein anderes Land als das, in dem ich mich jetzt gerade befinde*)

I didn't see him **this** morning.   heute morgen
I didn't see him **that** morning.   an jenem Morgen

We're seeing each other a great deal **these** days.   in diesen Tagen
Houses were much cheaper in **those** days.   in jenen Tagen/damals

I can't stand **this** noise.   ich kann diesen Lärm nicht vertragen
What was **that** noise?   was war das für ein Geräusch?

They watched the thriller on TV, and after **that** they went to bed.   danach
After **this** I'll go to bed.   hiernach gehe ich ins Bett

I didn't expect the house to be **this** large.   (*Kommentar beim Anschauen des Hauses*)
I hadn't expected the house to be **that** large.   (*Kommentar nach dem Anschauen des Hauses*)

11.40. Uhrzeit

6.00/6:00	six / six o'clock
6.01/6:01	one minute past (*U.S. auch:* after) six / six oh one
6.05/6:05	five (minutes) past (*U.S. auch:* after) six / six oh five
6.10/6:10	ten (minutes) past (*U.S. auch:* after) six / six ten
6.15/6:15	a quarter past (*U.S. auch:* after) six / quarter past six / six fifteen
6.30/6:30	half past six / six thirty

6.35/6:35	twenty-five (minutes) to (*U.S. auch:* of/till) seven / six thirty-five
6.42/6:42	eighteen minutes to (*U.S. auch:* of/till) seven / six forty-two
6.45/6:45	a quarter to (*U.S. auch:* of/till) seven / quarter to seven / six forty-five
6.50/6:50	ten (minutes) to (*U.S. auch:* of/till) seven / six fifty

(1) *o'clock* kann nur bei der vollen Stunde stehen.
(2) Bei Minutenangaben mit 5, 10, 20, 25 kann *minutes* wegfallen.
(3) Zur Kennzeichnung der Tageshälfte bestehen folgende Möglichkeiten:

Allgemein	Fahrpläne, Flugpläne und allgemein	"Offiziell" (z. B. Wirtschaft und Militär)	Deutsch
10.45 a.m. 10:45 A.M.	10.45 10:45	1045 (ten forty-five)	10.45 (vormittag)
10.45 p.m. 10:45 P.M.	22.45 22:45	2245 (twenty-two forty-five)	22.45

Anwendungsbeispiele:
The next train goes at six (o'clock) sharp.   Punkt sechs Uhr
I missed the six-fifteen train but managed to catch the six-forty.
I'll call for you at half past; we can talk on the way to the station, and you'll catch the train at a quarter to.
The time is now two o'clock: you will be able to catch the three-thirty easily and you will be in London shortly after five.
My plane arrives at 10.45 a.m./at ten forty-five.
We leave at 4.10 p.m./at 16.10 (sixteen ten)/at ten past four in the afternoon.
The next train goes at 13.44 (thirteen forty-four)/at 20.03 (twenty oh three).
("*Offiziell*":) Dinner will be at 1700 hours (seventeen hundred hours).
(*Terminplan:*) 1300 hrs: Lunch at Brompton Grill with Mr Fraser of ITV.

11.41. "Werden" (vgl. 6.9.1)

He **became** a lawyer.   er wurde Rechtsanwalt
He's **going to be** a lawyer.   er wird Rechtsanwalt
By the time we left it had **become/turned** cold and misty.   war es geworden
I **became/got** so irritable that my wife threatened to leave me.   ich wurde
His stupid face kept **getting** redder and redder.   wurde immer röter
His face **turned/grew/became** serious for a moment.
    wurde einen Moment ernst
He **turned/grew/became/went** pale with rage.   wurde blaß vor Wut
I suppose I'm **getting/growing** older too.   ich werde wohl auch älter

He **turned** Catholic / traitor.   er wurde katholisch / zum Verräter
The milk has **turned** sour.   die Milch ist sauer geworden
My mechanic **was taken / fell / became** ill, and I had to find a replacement.
I'm afraid **I'm going to be** sick.   ich fürchte, mir wird schlecht
He must have **gone** crazy / mad / insane.   er muß verrückt geworden sein
He **went** bald / blind / deaf.   er wurde kahl / blind / taub
What has **become** of Bob Fletcher?   was ist aus Bob Fletcher geworden?
Nothing **came** of these plans.   aus diesen Plänen wurde nichts

11.42. Wiederholungszahlen

He comes here **once / twice / three times / four times / five times** a week.
einmal / zweimal / dreimal / viermal / fünfmal die Woche

Once / Twice / Three times / Four times thirty is thirty / sixty / ninety / a hundred and twenty.   ein / zwei / drei / vier mal dreißig ist

11.43. Wochentage

Sunday ['sʌnd(e)i]	(Sun.)	**Thursday** ['θə:zd(e)i]	(Thurs.)
Monday ['mʌnd(e)i]	(Mon.)	**Friday** ['fraid(e)i]	(Fri.)
Tuesday ['tju:zd(e)i]	(Tues.)	**Saturday** ['sætəd(e)i]	(Sat.)
Wednesday ['wenzd(e)i]	(Wed.)		

I saw him *on Sunday*.   am Sonntag
He doesn't work *(on) Sundays*.   er arbeitet sonntags nicht

11.44. "Wollen" (vgl. 6.24 und 6.25)

What do you **want** of me?   was wollen Sie von mir?
Do you really **want / wish** me to do that?   wollen Sie wirklich, daß
They **were unwilling to** help me.   sie wollten mir nicht helfen
They **refused to** accept a cheque.   sie wollten keinen Scheck annehmen
He **insists on** doing everything himself.   er will unbedingt alles selbst tun
He knows more than he **cares** / than he **is prepared to** say.
 er weiß mehr, als er sagen will
I didn't **mean / intend to** hurt you.   ich wollte dir nicht weh tun
I never **intended / meant** it that way.   ich habe es nie so gewollt
What do you **mean to** say by that?   was willst du damit sagen?
I **was about to** phone you. / I **was on the point of** phoning you.
 ich wollte dich gerade anrufen
What **were** you **going to** say?   was wollten Sie gerade sagen?
Shall we have a game of chess now?   wollen wir ... spielen?

Die Zeichen der Lautschrift

[ʌ] wie in *luck* [lʌk], *gun* [gʌn]
[ɑː] wie in *last* [lɑːst], *arm* [ɑːm]
[ai] wie in *ice* [ais], *time* [taim]
[au] wie in *shout* [ʃaut], *brown* [braun]
[æ] wie in *black* [blæk], *hand* [hænd]

[e] wie in *let* [let], *egg* [eg]
[ei] wie in *make* [meik], *name* [neim]
[ɛə] wie in *fair* [fɛə], *care* [kɛə]
[ə] wie in *away* [əˈwei], *colour* [ˈkʌlə]
[əː] wie in *first* [fəːst], *burn* [bəːn]
[əu] wie in *hope* [həup], *home* [həum]

[i] wie in *sit* [sit], *will* [wil]
[iː] wie in *eat* [iːt], *clean* [kliːn]
[iə] wie in *here* [hiə], *clear* [kliə]

[ɔ] wie in *hot* [hɔt], *wrong* [rɔŋ]
[ɔː] wie in *water* [ˈwɔːtə], *fall* [fɔːl]
[ɔi] wie in *voice* [vɔis], *boy* [bɔi]

[u] wie in *book* [buk], *full* [ful]
[uː] wie in *shoot* [ʃuːt], *soon* [suːn]
[uə] wie in *sure* [ʃuə], *poor* [puə]

[ŋ] wie in *king* [kiŋ], *song* [sɔŋ]
[s] wie in *sit* [sit], *kiss* [kis]
[z] wie in *zoo* [zuː], *crazy* [ˈkreizi]
[θ] wie in *thing* [θiŋ], *both* [bəuθ]
[ð] wie in *then* [ðen], *other* [ˈʌðə]
[ʃ] wie in *shine* [ʃain], *fish* [fiʃ]
[ʒ] wie in *pleasure* [ˈpleʒə], *television* [ˈteliviʒn]
[v] wie in *visit* [ˈvizit], *leave* [liːv]

[ˈ] steht vor der betonten Silbe:
    after [ˈɑːftə], *about* [əˈbaut]

Register

Nicht in das Register einbezogen wurde das Verzeichnis der unregelmäßigen Verben auf den Seiten 131–133.
Die Ziffern bezeichnen die Seiten.
Mit Hilfe der Tilde (~) wird eine Wiederholung des Stichworts vermieden. Abkürzungen:
Adj. = Adjektiv; **Adv.** = Adverb; **b.** = bei(m); **d.** = das/dem/den/der/des/die; **dt.** = deutsch; **engl.** = englisch; **entspr.** = entsprechen/entspricht; **f.** = (und) folgende (Seite); **ff.** = (und) folgende (Seiten); **Inf.** = Infinitiv; **Konj.** = Konjunktion; **Konstr.** = Konstruktion; **m.** = mit; **Obj.** = Objekt; **od.** = oder; **Pl.** = Plural; **präd. Erg.** = prädikative Ergänzung; **Präp.** = Präposition; **Präp.-Gebr.** = Präpositionengebrauch (bezieht sich auf Kapitel 9: ABC schwieriger präpositionaler Ausdrücke); **s.** = siehe; **sb.** = somebody; **Sg.** = Singular; **sth.** = something; **Subst.** = Substantiv; **u.** = und; **usw.** = und so weiter; **v.** = vom/von; **z.** = zu/zum/zur.

after, ~ having + Partizip Perfekt 86; ~ +
-ing-Form 85f.; Konj. 113; ~ + Präsens 54;
Uhrzeit 153f.
afternoon, Gebrauch v. the 21; Präp.-Gebr. 116
agree, + Inf. 75; Präp.-Gebr. 116
aim + Inf. 75
aircraft, Plural 11
aktiver Inf., nach have 74, 78; trotz passiven
Sinnes 74, 78f.
aktiver od. passiver Inf.? 78f.
alarmed at + -ing-Form 81
alike nie attributiv 27
alive nie attributiv 27
all 134, 138; ~ the 23
all right, Präp.-Gebr. 116
"alle(s)" 134
Allgemeinbegriffe, Gebrauch v. the 18
allow, ~ for, Passiv 73; + -ing-Form 82;
~ = lassen 145; + Obj. + Inf. 76; Passiv 72;
Präpr.-Gebr. 116; zwei Objekte 88
allowed 98, 100, 137
alone nie attributiv 27
already m. Perfekt od. Präteritum 57
also 134
alternative to + -ing-Form 81
although, Konj. 113
always m. Verlaufsform 59f.
a.m. 154
amazed, ~ at + -ing-Form 81; Präp.-Gebr.116
American(s) 34
amerikanisches Englisch 26, 57, 107, 137, 141,
143, 148f., 153f.
amount to, + -ing-Form 80; = sich belaufen
auf 47
amounts of money, s. Geldbeträge
amuse oneself 46
amused, Präp.-Gebr. 116
and, b. Zahlen 141; both ... ~ 134; Komma
vor ~ 143; Konj. 113; colder ~ colder 32
"andere(r, s)" 149f.
anger, Präp.-Gebr. 116
angry, ~ at + -ing-Form 81; be ~ = sich
ärgern 47; Präp.-Gebr. 116
announce, zwei Objekte 88f.
annoyed, be ~ = sich ärgern 47; + Inf. 75;
Präp.-Gebr. 116
anomalous finites, s. Hilfsverben u. Spezialverben
another 149f.
Anrede, s. Brief
anxious + Inf. 75
any 142, 151f.; not ... ~ 142
anybody 142, 152
anyone 142, 152
anything 134, 151f.

apologize, ~ for + -ing-Form 80; Präp.-Gebr.
117; = sich entschuldigen 47
Apostroph, s. Genitiv
appalled, Präp.-Gebr. 117
appeal, Präp.-Gebr. 117
appear + Inf. 75
apply, Präp.-Gebr. 117
appoint + Obj. + präd. Erg. 90f.
appreciate + -ing-Form 82
approach = sich nähern 47
appropriate for + -ing-Form 81
approve, Präp.-Gebr. 117
aptitude for + -ing-Form 81
aren't I? 108
arrange, ~ about + -ing-Form 80; ~ for +
Obj. + Inf. 77; ~ + Inf. 75
arrive, Präp.-Gebr. 117
article, s. a(n) u. the
Artikel, s. a(n) u. the
as, Gebrauch v. a(n) 25; + Hilfsverb 107f.;
Konj. 113; so kind ~ to 75; ~ large ~ 32
as far as, Konj. 113
as if, Konj. 113
as long as, Konj. 113
as soon as, Konj. 113; + Präsens 54, 61
as though, Konj. 113
as well (as) 134
ashamed, be ~ = sich schämen 47; nie attributiv 27; ~ of + -ing-Form 81
ashes entspr. dt. Singular 12
ask, ~ for + Obj. + Inf. 77; indirekte Aufforderung 70; + Inf. 75; + Obj. + Inf. 76;
Passiv 72; Präp.-Gebr. 117; zwei Objekte 89
asleep nie attributiv 27
assert oneself 46
assign, zwei Objekte 88
assist, ~ in + -ing-Form 80; Präp.-Gebr. 117
assume + Obj. +Inf. 76
assure, Passiv 72
astonish nicht in d. Verlaufsform 60
astonished, ~ at + -ing-Form 81; + Inf. 75;
Präp.-Gebr. 117
astonishment, Präp.-Gebr. 117
at the doctor's usw. 17
attempt, + Inf. 75; Präp.-Gebr. 117
attend to, Passiv 73
attributiver Gebrauch d. Adjektivs 27
attributives Adj., Nachstellung 27
"auch" 134
Aufforderungssätze, s. Imperativ
ausmalende Relativsätze, s. entbehrliche Relativsätze
Ausrufezeichen 134
Aussagesätze, Satzgliedstellung 110
Austrian(s) 34

authority, + Inf. 75; Präp.-Gebr. 117
auxiliaries, s. Hilfsverben u. Spezialverben
avail oneself of sth. 46
available for + *-ing*-Form 81
aversion, Präp.-Gebr. 117; ~ *to* + *-ing*-Form
 81
avoid + *-ing*-Form 82
awake nie attributiv 27
award, Passiv 72

baby, Genus 14
backache mit u. ohne *a(n)* 26
bad, ~ *at* + *-ing*-Form 81; Präp.-Gebr. 117;
 Steigerung 30
Bahnhofsnamen, Gebrauch v. *the* 19
bake, zwei Objekte 89
bank, Präp.-Gebr. 117
Banknoten 139
basis for + *-ing*-Form 81
bath, Plural 10
be 93 f.; als Hauptverb 94; als Hilfsverb 94; ~
 expected to 151; Formen 93; Gebrauch z.
 Bildung v. Passiv u. Verlaufsform 94; ~ *said*
 to 151; ~ *supposed to* 151; ~ *to, if I were to*
 die 65, 103; ~ *to* = *sollen* 65, 94, 102 f., 151;
 Umschreibung m. *do* 94 f., 96; z. Bildung d.
 Passivs 71
bear, can't / couldn't ~ + *-ing*-Form od. Inf. 83
because, Konj. 113
Bedingungsformen 64 ff.
Bedingungssätze 64 ff.; Mischtypen 64; Typ 1
 64 f.; Typ 2 64 ff.; Typ 3 66 f.
Befehlsform, s. Imperativ
before, Konj. 113; m. Perfekt od. Präteritum
 57; *not* ... ~ 137; + Präsens 54, 61
beg, indirekte Aufforderung 70; + Inf. 75; +
 Obj. + Inf. 76
begin, ~ *by* + -ing-Form 80; + *-ing*-Form od.
 Inf. 83
beginning, Präp.-Gebr. 117
behalf, Präp.-Gebr. 117
behave (oneself) 46
"beide" 135
Beifügungssätze, s. Relativsätze
Beistrich, s. Komma
Belgian(s) 34
belief, ~ *in* + *-ing*-Form 81; Pl. 9
believe, I ~ *so* 44; ~ *in* + *-ing*-Form 80; nicht
 in d. Verlaufsform 60; + Obj. + Inf. 76;
 Passiv 72; Präp.-Gebr. 117
belong to nicht in d. Verlaufsform 60
benefit, ~ *by / from* + *-ing*-Form 80; Präp.-
 Gebr. 118
Bergnamen, Gebrauch v. *the* 21
Berufsbezeichnungen, Gebrauch v. *a(n)* 25

besitzanzeigende Fürwörter, s. Possessivpronomen
bestimmende Relativsätze, s. notwendige Relativsätze
bestimmter Artikel, s. *the*
better, ~ – *best* 30; *had* ~ 93
bezügliche Fürwörter, s. Relativsätze
Bezugs(wort)sätze, s. Relativsätze
billion 141
Bindestrich zwischen Zehner u. Einer b. Zahlen 141
Bindewort, s. Konjunktion
birth, Plural 10
bit (of information usw.) 11
bitter, Steigerung 30
blame, aktiver od. passiver Inf.? 79; ~ *for* +
 -ing-Form 81; Präp.-Gebr. 118
"bleiben" 135
blind, Präp.-Gebr. 118
boast, ~ *about / of* + *-ing*-Form 80; Präp.-
 Gebr. 118
boil, zwei Objekte 89
book titles, s. Buchtitel
both 135; ~ ... *and* 134; Konj. 113
bother, ~ *about* + *-ing*-Form 80; + *-ing*-
 Form od. Inf. 83
bottom, Präp.-Gebr. 118
bound + Inf. 75, 147
"brauchen" 106, 135
breakfast, Gebrauch v. *the* 22; Präp.-Gebr. 118
breath, Plural 10; Präp.-Gebr. 118
Brief, Doppelpunkt nach d. Anrede 143; Großschreibung in d. Schlußformel 140; Komma
nach Anrede u. Schlußformel 143
bring 136; Passiv 72; zwei Objekte 88 f.
"bringen" 136
britisches Englisch 26, 31, 55, 79, 88, 107, 137,
 141
Bruchzahlen 136 f.
Brückennamen ohne *the* 20
Buchtitel, Großschreibung 140
build, zwei Objekte 89
bus, Gebrauch v. *the* 23
busy + *-ing*-Form 82
but, couldn't ~ *laugh* 147; + Hilfsverb 107 f.;
 Konj. 113
buy, zwei Objekte 89
by, in Passivsätzen 70 f.; Stellung in passiven
Fragesätzen 71
by the time, Konj. 113; + Präsens 61

call, ~ *for* + Obj. + Inf. 77; Präp.-Gebr. 118;
 zwei Objekte 89
can 98, 102, 137, 144; in Bedingungssätzen 64 f.
capability of + *-ing*-Form 81

crown + Obj. + präd. Erg. 90f.
currency, s. Geld
customs entspr. dt. Singular 12
cut out + -ing-Form 82

daily, Adj. u. Adv. 39; attributives Adj. 27
damages, Präp.-Gebr. 119
danger of + -ing-Form 81
dangerous + Inf. 75
dates, s. Datum
Datum 137
day ohne the 21
dead – deadly 40
deaf, Präp.-Gebr. 119
deal, a great ~ of 147; a great ~ of + -ing-Form 81; Präp.-Gebr. 119; ~ with sth. = sich m. etwas befassen 47
dear – dearly 40
death, ~ by + -ing-Form 81; Plural 10
debate + -ing-Form 82
decide, ~ against + -ing-Form 80; ~ + Inf. 75
decimal fractions, s. Dezimalbrüche
declarative sentences, s. Aussagesätze
declare, + Obj. + Inf. 76; + Obj. + präd. Erg. 90f.; zwei Objekte 88f.
dedicate, zwei Objekte 88f.
deep, Adj. u. Adv. 39; ~ – deeply 40
defective auxiliaries, s. Hilfsverben u. Spezialverben
defend oneself 46
defining relative clauses, s. notwendige Relativsätze
definite article, s. the
delay + -ing-Form 82
delight, Präp.-Gebr. 119; ~ in + -ing-Form 80, 81
delighted, ~ at + -ing-Form 81; + Inf. 75
deliver, zwei Objekte 88f.
demand, + Inf. 75; Präp.-Gebr. 119
democracy ohne the 21
demonstrate, zwei Objekte 88f.
demonstrative adjectives, s. that/those, this/these
demonstrative pronouns, s. that/those, this/these
Demonstrativpronomen, s. that/those, this/these
deny, + -ing-Form 82; zwei Objekte 88
depend on sb. = sich auf jemanden verlassen 47
dependent clauses, s. Nebensätze
depth, Plural 10
describe, zwei Objekte 88f.
deserve, + -ing-Form od. Inf.? 83
designate + Obj. + präd. Erg. 90f.

desire + Inf. 75
despair of + -ing-Form 80
determination + Inf. 75
detest + -ing-Form 82
develop = sich entwickeln 47
devote, ~ oneself to sth. 46; ~ to + -ing-Form 80; zwei Objekte 88f.
Dezimalbrüche 137
dictate, zwei Objekte 88f.
die, Präp.-Gebr. 119
difference between + -ing-Form 81
different 149f.; Präp.-Gebr. 119
difficulty, ~ in + -ing-Form 81; + -ing-Form 82
dime 138
dinner, Gebrauch v. the 22
direct – directly 40
direct speech, s. direkte Rede
direkte Rede 67ff.; Großschreibung 139; Kommasetzung 143; Satzgliedstellung im Nach- od. Zwischensatz 111f.
direktes Objekt, als Subjekt d. Passivkonstr. 72; Stellung 87ff.
disappointed, ~ at + -ing-Form 81; Präp.-Gebr. 119f.
disapprove of + -ing-Form 80
discontinue + -ing-Form 82
discuss + -ing-Form 82
dislike, ~ for/of + -ing-Form 81; + -ing-Form 82; Präp.-Gebr. 120
distinguish oneself 46
distribute, zwei Objekte 88f.
do 95ff.; als Hauptverb 97; als Hauptverb-"Stellvertreter" 97, 107ff.; Formen 95; in Frageanhängseln 97, 108f.; in Kurzphrasen 97, 107ff.; Kurzformen 95; = machen 146; -s-Form 53; z. Bildung d. Frageform 95; z. Bildung d. verneinten Form 95f.; z. Bildung d. verneinten Frageform 96; z. Verstärkung 96f.
do away with, Passiv 73
do-Umschreibung, b. be 94; b. have 92f.; b. need 106f.; b. used to 107
dollar(s) 138f.
don't let's 96
Doppelpunkt nach d. Anrede im Brief 143
double the 23
doubt nicht in d. Verlaufsform 60
dozen, ohne of 148; Sg. u. Pl. 12
dream, ~ about/of + -ing-Form 80; Präp.-Gebr. 120
dress, Präp.-Gebr. 120; = sich anziehen 47
drink, Präp.-Gebr. 120
drive + Obj. + Inf. 76
drop, zwei Objekte 88

fetch, zwei Objekte 89
fewer 30; ~ – less 146
fill in, Passiv 73
find, + Obj. + -ing-Form 84; Passiv d. Obj.-
  Inf.-Konstr. 76; zwei Objekte 89
fine, Adj. u. Adv. 39; ~ – finely 40; Verb m.
  zwei Objekten 89
finish + -ing-Form 82
fire, Präp.-Gebr. 121
first 137, ~ came . . . 111 f.; Ordnungszahl 149;
  the ~ to arrive 74
fish, Plural 11
flair for + -ing-Form 81
flatter, Passiv 72
flee + -ing-Form 82
Flughafennamen, Gebrauch v. the 19
follow, Passiv 72
following nicht m. one(s) 36
fond of + -ing-Form 81
fondness for + -ing-Form 81
foot, Plural 11; Präp.-Gebr. 121
for, ~-Fügung statt Genitiv 16; + indirektes
  Obj. 89; Konj. 114; = seit 58; + Subst. od.
  Pronomen + Inf. 77
for ever m. Verlaufsform 59 f.
force + Obj. + Inf. 76
forget + -ing-Form od. Inf.? 83
forgive, zwei Objekte 89
form, Präp.-Gebr. 121
former – latter 31
fortunate in + -ing-Form 81
forward, look ~ to + -ing-Form 80
fractions, s. Bruchzahlen
Frageanhängsel 97, 108 f.; b. used to 107;
  bejaht nach bejahtem Satz 109; let's . . . shall
  we? 102, 109; m. do 97, 108 f.; will you?
  won't you? 104 f., 109; would you? 106, 109
Fragebildung, b. have 92 f.; b. need 106 f.;
  b. used to 107; mit u. ohne do 95
Frageform verneint m. do 96
Fragefürwörter, s. Interrogativpronomen
Fragekonstruktion in Nichtfragesätzen 112
Fragesätze, Satzgliedstellung 111
Fragewort + Inf. 74
free, Adj. u. Adv. 39; Präp.-Gebr. 121
freedom + Inf. 75
French 34 f.; ~man 34; ~woman 34
frequently, Stellung 42
fresh, Adj. u. Adv. 39; ~ – freshly 41
friendlily 39
frightened, ~ of + -ing-Form 81; Präp.-Gebr.
  121
"früher" 107
fry, zwei Objekte 89
full, ~ – fully 38, 40 f.; Präp.-Gebr. 121

fun 25; + -ing-Form 82; Präp.-Gebr. 121
furniture nur im Singular 11
further – furthest 30
Fürwörter, s. Pronomen
Futur, s. Zukunft

gamble on + -ing-Form 80
"ganz" 138
gasworks, Plural 11
gay – gaily 38
Gebäudenamen, Gebrauch v. the 19
Gegenwart, s. Präsens
Geld 138 f.
Geldbeträge 139; m. Singularverb 13
gemeine Brüche 136
gender, s. Genus
Genitiv 15 ff.; alleinstehend 17; als Sinnsubjekt d. -ing-Konstr. 84; in Zeitangaben 17
genius for + -ing-Form 81
gentleman, Plural 11
Genus 14 f.
German(s) 34 f.
germanische Steigerung, s. Steigerung m.
  -er/-est
Gerundium, s. -ing-Form
Geschlecht, s. Genus
Geschlechtswort, s. a(n) u. the
Gesellschaftstänze, dance the . . . 23
get, + -ing-Form od. Inf.? 83; + Obj. + Inf.
  76; + Obj. + Partizip Perfekt 86 f., 145;
  ~ oneself sth. 46; Präp.-Gebr. 121; z. Bildung
  d. Passivs 71; zwei Objekte 89
get accustomed to sth. = sich an etwas gewöhnen 47
get around to + -ing-Form 80
get excited = sich aufregen 47
get used to sth. = sich an etwas gewöhnen 47
Gewichtsangaben m. Singularverb 13
girl als Stützwort nach Nationalitätsadjektiven
  34
give, Passiv 72; ~ up + -ing-Form 82; zwei
  Objekte 87 f.
glad, ~ about + -ing-Form 81; + Inf. 75
glasses entspr. dt. Singular 12
Gliedsätze, s. Nebensätze
go, going to ~ 62; + -ing-Form 82; Präp.-
  Gebr. 121; -s-Form 53; ~ through, Passiv 73
going to, Zukunft 62
good, Adv. well 38; ~ at + -ing-Form 81;
  it's no ~ + -ing-Form 82; Präp.-Gebr. 121;
  Steigerung 30
goods entspr. dt. Singular 12
government, Gebrauch v. the 21; Numerus 13
grandchild, Plural 11
grandpa, Großschreibung 140

grant, zwei Objekte 88
grateful, Präp.-Gebr. 121
great, a ~ many 147
greatly = sehr 150
Großschreibung 139 f.
Grundform, s. Infinitiv
Grundzahl + Sg.-Subst. = Adj. 12
Grundzahlen 141; nicht m. *one(s)* 36
guess + Obj. + Inf. 76
guilty, ~ of + *-ing*-Form 81; Präp.-Gebr. 121

habit, + Inf. 75; *~ of* + *-ing*-Form 81; Präp.-Gebr. 122
habitual, a od. *an?* 24
had better 93
had-Form, s. Plusquamperfekt
hair ohne *a(n)* 25
half 136; *~ a(n)* 26; Plural 9; *~ the* 23; Uhrzeit 153 f.
hand, Passiv 72; Präp.-Gebr. 122; zwei Objekte 88
handkerchief, Plural 9
handsome, Steigerung 30
happen + Inf. 75
happy, ~ about + *-ing*-Form 81; + Inf. 75
hard, Adj. u. Adv. 39; *~ – hardly* 40; + Inf. 75
hardly am Satzanfang 112
haste, make ~ = sich beeilen 47
hate, + *-ing*-Form od. Inf. 83; + Obj. + Inf. 76
"hätte" 65 ff.
Hauptwort, s. Substantiv
have 91 ff.; *~ a look at sth. = sich etwas anschauen* 47; als Hauptverb 92; Formen 91; Frage u. Verneinung 92; Gebrauch z. Bildung d. Perfektformen 91; + Obj. + Inf. 74, 77 f.; + Obj. + *-ing*-Form 84; + Obj. + Partizip Perfekt 86 f., 145; *-s*-Form 53
have got 92
have to, = müssen 92, 101 f., 147; *~* od. *must?* 101 f.; *you don't ~ = du brauchst nicht* 135
have-Form, s. Perfekt
having + Partizip Perfekt 85 f.
he, s. Personalpronomen
headache m. *a(n)* 26
headings, s. Überschriften
headquarters, Plural 11
hear, + Obj. + Inf. 76; + Obj. + *-ing*-Form 84
heart, Präp.-Gebr. 122
heat ohne *a(n)* 25
help, can't/couldn't ~ + *-ing*-Form 82, 147; + Obj. + Inf. 76; + Obj. (+ *to*) + Inf. 77; *~ oneself to* 46; Passiv 72; Präp.-Gebr. 122
her, s. Personalpronomen u. Possessivpronomen

here, ~ comes my bus 54, 111 f.
hero, Plural 10
hers, s. Possessivpronomen
herself, s. *-self*-Pronomen
Hervorhebung, s. Verstärkung
hesitate + Inf. 75
hesitation in + *-ing*-Form 81
hide = sich verstecken 47
high, Adj. u. Adv. 39; *~ – highly* 40 f.
Hilfsverben 91 ff.; in Bedingungssätzen 64 ff.; in Frageanhängseln 97, 108 f.; in Kurzantworten 108; in Kurzphrasen 107 ff.; nach *as, than, but* 107 f.; nicht m. *do* umschrieben 95 f.; Stellung 42, 111
him, s. Personalpronomen
himself, s. *-self*-Pronomen
hire, + Obj. + Inf. 76; Präp.-Gebr. 122; zwei Objekte 89
his, s. Possessivpronomen
historical, a od. *an?* 24
hobby, Präp.-Gebr. 122
holiday, Präp.-Gebr. 122
hollow, Steigerung 30
home, Präp.-Gebr. 122
hope, ~ for + Obj. + Inf. 77; *I ~ so/I ~ not* 44; + Inf. 75; *~ of* + *-ing*-Form 81; Präp.-Gebr. 122; + Präsens 54, 63 f.
hopeful about + *-ing*-Form 81
horrified, Präp.-Gebr. 122
hospital, Gebrauch v. *the* 22
hotel, a od. *an?* 24
hourly, Adj. u. Adv. 39; attribut. Adj. 27
house, Plural 11; Präp.-Gebr. 122
how, + Inf. 74; Konj. 114
hundred, Sg. u. Pl. 12
hunger, Präp.-Gebr. 122
hurry, ~ into + *-ing*-Form 80; *= sich beeilen* 47
hurt, ~ oneself 46; Präp.-Gebr. 122
hyphen, s. Bindestrich

I, Großschreibung 139; s. auch Personalpronomen
if, + *going to* 62; + *had* + Partizip Perfekt 64, 66 f.; indirekte Frage 67, 69 f.; Konj. 114; + Präsens 54, 61, 64 f.; + Präteritum 64 ff.; + *will* 65; + *would* 66
if-Sätze 54, 61 f., 64 ff.
ignorant, Präp.-Gebr. 122
ill, Adj. u. Adv. 40; meist nicht attributiv 27; Präp.-Gebr.. 122; Steigerung 30
imagine, + *-ing*-Form 82; + Obj. + Inf. 76; *~ sth. = sich etwas vorstellen* 47
immune, Präp.-Gebr. 122

Imperativ, Ausrufezeichen 134; durch Frageanhängsel abgeschwächt 104 ff., 109; verneint m. *do* 95 f.; verneinter ∼ v. *be* 94; verstärkt durch *do* 94, 96 f.
Imperfekt, s. Präteritum
impossible, Ersatz für *can* 98; + Inf. 75
impressed, Präp.-Gebr. 122
impression of + *-ing*-Form 81
improve = *sich bessern* 47
in case, Konj. 114
in order that, Konj. 114
in vain am Satzanfang 112
incapable, Präp.-Gebr. 122
inclination + Inf. 75
inclusive, Präp.-Gebr. 122
indebted, Präp.-Gebr. 122
indefinite adjectives, s. "indefinite Pronomen"
indefinite article, s. *a(n)*
"indefinite Pronomen", s. *all, another, any,*
anybody, anyone, anything, both, each, each
other, either, every, everybody, everything,
less, little, many, much, neither, no, no one,
nobody, none, nothing, one, one another,
other, some, someone, something, the two,
whole
indefinite pronouns, s. "indefinite Pronomen"
indicate, zwei Objekte 88 f.
indifferent, Präp.-Gebr. 122
indirect questions, s. indirekte Frage
indirect speech, s. indirekte Rede
indirekte Aufforderung 70
indirekte Frage 67 ff.; m. Zeitverschiebung 69
indirekte Rede 67 ff.; m. Zeitverschiebung 68 f.;
∼ u. Frage ohne Zeitverschiebung 70
indirektes Objekt, als Subjekt d. Passivkonstr.
72; Stellung 87 ff.
indulge in + *-ing*-Form 80
inferior, Präp.-Gebr. 122
Infinitiv 73 ff.; aktiv nach *have* 74, 78; aktiv
od. passiv? 78 f.; aktiv trotz passiven Sinnes
74, 78 f.; als Prädikativum 73; als Subjekt 73;
in relativsatzähnlicher Funktion 74; m. *for*
77; nach Adjektiven 75; nach *chance, oppor-*
tunity usw. 75; nach Fragewörtern 74; nach
Pronomen 74; nach Substantiven 74 f.; nach
Verben 75, 83; nach *whether* 74; Obj.-Inf.-
Konstr. 76 f.; ohne *to* 76 f.; z. Ausdruck d.
Zwecks 78
influence, Präp.-Gebr. 123
inform, Präp.-Gebr. 123
information, nur im Sg. 11; ohne *a(n)* 25
-ing-Form 79 ff.; als Obj. 80, 82 f.; als Prädikativum 80; als Subjekt 80; Bildung 79; m.
eigenem Sinnsubjekt 45, 84; nach bestimmten
nichtverbalen Ausdrücken 82; nach Prä-

positionen 80 f.; nach Verben 82 f.; s. auch
Verlaufsform
-ing-Konstruktion, als adverbiale Bestimmung 85 f.; in relativsatzähnlicher Funktion
85
injure oneself 46
inner, attributives Adjektiv 27
inquire, Präp.-Gebr. 123; = *sich erkundigen* 47
insist, ∼ *on* + *-ing*-Form 80; Präp.-Gebr. 123
instinct + Inf. 75
instruct + Obj. + Inf. 76
intend + *-ing*-Form od. Inf. 83
intensive pronouns, s. "verstärkender" Gebrauch d. *-self*-Pronomen
intent on + *-ing*-Form 81
intention, + Inf. 75; ∼ *of* + *-ing*-Form 81
interest in + *-ing*-Form 81
interested, be ∼ *in* = *sich interessieren* für 47;
∼ *in* + *-ing*-Form 81; + Inf. 75; Präp.-
Gebr. 123
interests, in the ∼ *of* 14
interfere, Präp.-Gebr. 123
interrogative pronouns, s. Interrogativpronomen
interrogative sentences, s. Fragebildung,
Frageform, Fragesätze
Interrogativpronomen 48 f.
introduce, ∼ *oneself* 46; Präp.-Gebr. 123; zwei
Objekte 88 f.
Inversion 111 f.
invite, + Obj. + Inf. 76; Präp.-Gebr. 123
involve + *-ing*-Form 82
Irish 34 f.; ∼*man* 34; ∼*woman* 34
irregular verbs, s. unregelmäßige Verben
irrelevant, Präp.-Gebr. 123
irritated, Präp.-Gebr. 123
it, ∼ *is* + Pluralsubst. 14; *it's me/I* usw. 43;
it's no use/good + *-ing*-Form 82; *it's time*
+ Präteritum 56; s. auch "es" u. Personalpronomen
Italian(s) 34 f.
item (of information usw.) 25
its, s. Possessivpronomen
itself, s. *-self*-Pronomen

Jahreszahlen 142; ohne Komma 141
Jahreszeiten, Gebrauch v. *the* 21 f.; klein geschrieben 140
jail, Gebrauch v. *the* 22
Japanese 34 f.
jealous, Präp.-Gebr. 123
"jede(r, s)" 142
join, Passiv 72; Präp.-Gebr. 123; ∼ *sb.* = *sich*
jemandem anschließen
jolly, Adj. u. Adv. 40

mail, zwei Objekte 88
majority, Numerus 13
make 146; ~ *haste* = *sich beeilen* 47;
+ Obj. + Inf. 77, 145; + Obj. + präd.
Erg. 90f.; ~ *oneself understood* 46; Präp.-
Gebr. 124; ~ *sure* = *sich vergewissern* 47;
zwei Objekte 89
man, als Stützwort 33; Plural 11
"man" = *one/you/they/people*/Passiv 43
manage, Ersatz für *can/could* 98f.; + Inf. 75
manner, in a friendly ~ 39
many 147; ~ *a(n)* 26; Steigerung 31
married, Präp.-Gebr. 124
Maßangaben m. Singularverb 13
Maßbezeichnungen, Gebrauch v. *a(n)* 24
may 99f., 137, 144; in Bedingungssätzen 65;
~ *not* od. *must not*? 102
me, s. Personalpronomen
mean, + *-ing-*Form od. Inf.? 83; Präp.-
Gebr. 124
means + Inf. 75; ~ *of* + *-ing-*Form 81;
Plural 11; Präp.-Gebr. 124
meet, Präp.-Gebr. 124; = *sich treffen* 47
Mehrzahl, s. Plural
memo, Plural 10
memory, Präp.-Gebr. 124
mention, + *-ing-*Form 82; zwei Objekte 88f.
mere, attributives Adj. 27
method of + *-ing-*Form 81
might 100, 144; ~ *have* + Partizip Perfekt
67, 144; in Bedingungssätzen 64ff., indirekte Rede u. Frage 68f.
"Milliarde" 141
million, Sg. u. Pl. 12
mind, + Inf. 75; + *-ing-*Form 82; Präp.-
Gebr. 124
mine, s. Possessivpronomen
minutes, Uhrzeit 153f.
miss + *-ing-*Form 82
Mittelwort d. Gegenwart, s. *-ing-*Form
Mittelwort d. Vergangenheit, s. Partizip
Perfekt
mix, zwei Objekte 89
modal auxiliaries, s. Hilfsverben u. Spezialverben
moment, Präp.-Gebr. 124f.
Monatsnamen 147; Gebrauch v. *the* 21;
groß geschrieben 140
money, s. Geld
month, Gebrauch v. *the* 21; Plural 10
monthly, Adj. u. Adv. 39
mood + Inf. 75
more – *most* 31
*more/most-*Steigerung, s. Steigerung m.
more/most

morning, Gebrauch v. *the* 21; Präp.-Gebr. 125
most, Präp.-Gebr. 125; s. auch Steigerung
m. *more/most*
mother, Großschreibung 140
Mount (*Everest* usw.) ohne *the* 21
mouse, Plural 11
mouth, Plural 10
move = *sich bewegen* 47
much 147; = *sehr* 150; Steigerung 31
Münzen 138
music ohne *a(n)* 25
Musikinstrumente m. *the* (*play the piano*
usw.) 23
"müssen" 92, 101ff., 106, 147
must 101f., 147; in Bedingungssätzen 65;
indirekte Rede u. Frage 68f., ~ od. *have*
to? 101f.; Verneinung 102
must not 101f., 137, 147; ~ od. *may not*? 102
my, s. Possessivpronomen
myself, s. *-self-*Pronomen

name, Präp.-Gebr. 125
Namen, Gebrauch v. *the* 19ff.; Genitiv 16;
Großschreibung 139
narrow, Steigerung 30
Nationalitätsadjektive, Substantivierung 34f.
nature, Präp.-Gebr. 125
"NcI", s. Passiv d. Obj.-Inf.-Konstr.
near, Adj. u. Adv. 39; ~ – *nearly* 40
nearest – *next* 31
nearly – *near* 40
Nebensätze, als Obj. einer festen Verb-Adv.-
Verbindung 90; *if*-Sätze 54, 61f., 64ff.;
*-ing-*Konstr. anstelle eines adverbialen
Nebensatzes 85f.; Relativsätze 50ff.; Verb
trotz Zukunftsbezuges im Präsens 54, 61;
vorangestellt m. Komma 143
necessary for + *-ing-*Form 81
necessity for + *-ing-*Form 81
need 106f., 135; *don't* ~ *to* 102; ~ *for* +
*-ing-*Form 81; + *-ing-*Form od. Inf.? 83;
~ *not* 102; Umschreibung m. *do* 106f.
negation, s. Verneinung
negotiate about + *-ing-*Form 80
Negro, Plural 10
neither, am Satzanfang 112; in Kurzantworten 97, 108, 112, 134; = *keine(r, s)*
135, 142; Konj. 114
Nennform, s. Infinitiv
nervous about + *-ing-*Form 81
Netherlands m. Singularverb 13
never, am Satzanfang 112; m. Perfekt od.
Präteritum 57
new, ~ – *newly* 41; Präp.-Gebr. 125
newcomer, Präp.-Gebr. 125

newly – *new* 41
news, m. Singularverb 13; ohne *a(n)* 25
newspaper, Präp.-Gebr. 125
next, ~ *came*... 111f.; ~ – *nearest* 31;
Stellung 27
nice, + Inf. 75; + -*ing*-Form 82
"nicht wahr?" 97, 108
nickel 138
night, Gebrauch v. *the* 21; Präp.-Gebr. 125
nil 148
no = *kein* 142
no one 142
no sooner am Satzanfang 112
nobody 142
noise, Präp.-Gebr. 125
nominate + Obj. + präd. Erg. 90f.
non-defining relative clauses, s. entbehrliche
Relativsätze
non-restrictive relative clauses, s. entbehrliche Relativsätze
none 142
nonsense ohne *a(n)* 25
noon ohne *the* 21
nor, in Kurzantworten 97, 108, 112, 134;
Konj. 114
not, am Satzanfang 112; ~ ... *any* 142
nothing = *null* 148
notice + Obj. + Inf. 77
notwendige Relativsätze 50ff.
nought 137, 148
noun, s. Substantiv
now, ~ *came* ... 111f.; ~ *(that)* Konj. 114
nowhere am Satzanfang 112
"Null" 148
null and void 148
number (of nouns), s. Numerus
numerals, s. Zahlen
Numerus 9ff.; d. abhängigen Satzglieder
12ff.; v. Kollektivwörtern 13

object complement, s. prädikative Ergänzung
zum Objekt
object to, + -*ing*-Form 80; Passiv 73
objection to + -*ing*-Form 81
Objekt, -*ing*-Form als ~ 82f.; Passiv 72;
präd. Erg. z. ~ 90f.; Stellung 110ff.; Stellung b. festen Verb.-Adv.-Verbindungen 90;
Verben m. zwei Objekten 87ff.
Objekt-Infinitiv-Konstruktion 76f.
Objektsform, d. Interrogativpronomen 48;
d. Personalpronomen 43; d. Personalpronomen als Sinnsubjekt d. -ing-Konstr.
84
obliged, *not* ~ *to* 102
oblivious, Präp.-Gebr. 125

observe + Obj. + Inf. 77
obsessed, Präp.-Gebr. 125
occasion, ~ *for* + -*ing*-Form 81; + Inf. 75;
Präp.-Gebr. 125
occupation, Präp.-Gebr. 125
o'clock 153f.
of, *ask a favour* ~ *sb.* 89; + Genitiv 17;
Uhrzeit 154
of-Fügung 16, 148
offer, + Inf. 75; Passiv 72; zwei Objekte 88
oh, in Kurzantworten 97, 108; = *null* 148,
153f.
old, Steigerung 31
omit + -*ing*-Form od. Inf. 83
once 137; Konj. 114; Präp.-Gebr. 125;
Wiederholungszahl 155
one, b. *hundred/thousand* usw. 141; = *man*
43; Stützwort 35f.
one another 149, 151
oneself 46
only 137; Adj. u. Adv. 40; am Satzanfang
112; Konj. 114
open, Steigerung 30
operate, Präp.-Gebr. 125
opinion, Präp.-Gebr. 125
opportunity, + Inf. 75; ~ *of* + -*ing*-Form
81
oppose + -*ing*-Form 82
optimistic about + -*ing*-Form 81
or, Komma vor ~ 143; Konj. 114
or else, Konj. 114
order, + Obj. + Inf. 76; Präp.-Gebr. 125;
zwei Objekte 89
order of words, s. Stellung
ordinal numbers, s. Ordnungszahlen
ordinary, Präp.-Gebr. 125
ordinary form, s. einfache Form
Ordnungszahlen 149; mit u. ohne *one(s)*
36
orient oneself 46
Ortsbestimmung, Stellung 110f.
Ortsnamen als Adjektive 33
other 149
ought to 103, 137, 147, 151; in Bedingungssätzen 65; indirekte Rede u. Frage 69
our, s. Possessivpronomen
ours, s. Possessivpronomen
ourselves, s. -*self*-Pronomen
outer, attributives Adj. 27
outline, zwei Objekte 88f.
overcome, Präp.-Gebr. 125
overhear, + Obj. + Inf. 77; + Obj. +
-*ing*-Form 84
owe, nicht in d. Verlaufsform 60; zwei
Objekte 88

own, nicht in d. Verlaufsform 60; nicht m.
one(s) 36; Präp.-Gebr. 125; *a room of my*
~ 45

pain, Präp.-Gebr. 125
paint, zwei Objekte 89
pair(s) of (glasses usw.) 12
paragraph, Plural 9
Parknamen ohne *the* 20
Parliament, Gebrauch v. *the* 21
part, (a) ~ *of* 26; Präp.-Gebr. 125
participate, Präp.-Gebr. 126
Partikeln, Stellung im Passivsatz 73
Partizip Perfekt 86f.; Form 86; Gebrauch
86f.; in relativsatzähnlicher Funktion 87;
nach *get/have/want* + Obj. 86f.; s. auch
Perfekt, Plusquamperfekt, Passiv
Partizip-Perfekt-Formen, *very* od. *much?*
150
Partizip-Perfekt-Konstruktion als adverbiale
Bestimmung 87
pass, zwei Objekte 88
Passiv 70ff., 91; ~ d. Obj.-Inf.-Konstr. 76f.;
engl. Passivkonstr. ohne dt. Entsprechung
72f.; z. Ausdruck v. *man* 43
passive voice, s. Passiv
passiver od. aktiver Inf.? 78f.
Passivtransformation b. Verben m. einem
Obj. u. Verben m. zwei Objekten 72
past, Uhrzeit 153f.
past participle, s. Partizip Perfekt
past tense, s. Präteritum
path, Plural 10
pay, Passiv 72; Präp.-Gebr. 126; zwei
Objekte 88
pence 11, 138f.
penny 138; Plural 11
people, als Stützwort nach Adjektiven 33f.;
= *man* 43; m. Pluralverb 12
Perfekt 56ff.; für abgeschlossene Handlungen 56f.; für in d. Gegenwart reichende
Handlungen 57f.; m. *this morning/after-
noon* usw. 56; m. *today/this week* usw. 56;
nicht m. Zeitbestimmungen d. Vergangenheit 55ff.; ~ Verlaufsform, s. Verlaufsform
Perfektformen, Bildung m. *have* 91
Perfektpartizip, s. Partizip Perfekt
permit, + *-ing*-Form 82; + Obj. + Inf. 76
permitted, Ersatz für *can* 98; Ersatz für
may 100
perpetually m. Verlaufsform 59f.
persist, ~ *in* + *-ing*-Form 80; Präp.-Gebr.
126
person, als Stützwort 33; Präp.-Gebr. 126
personal pronouns, s. Personalpronomen

Personalpronomen 43f.; Formen 43; Objektsform als Sinnsubj. d. *-ing*-Konstr. 84;
statt *-self*-Pronomen 47, 151
Personen, Genus 14
Personennamen, Gebrauch v. *the* 19
Personenobjekt, s. indirektes Objekt
persönliche Fürwörter, s. Personalpronomen
persönliches Passiv 72
persuade + Obj. + Inf. 76
pessimistic about + *-ing*-Form 81
phone, Gebrauch v. *the* 22; zwei Objekte 88
phone numbers, s. Telefonnummern
photo, Plural 10; Präp.-Gebr. 126
photograph, Plural 9; Präp.-Gebr. 126
phrasal verbs, Passiv 73; Stellung d.
Objekts 90
piano, play the ~ 23; Plural 10
picture, Präp.-Gebr. 126
piece (of advice usw.) 11, 25
pinch, Präp.-Gebr. 126
place, a ~ *to sleep* 74; ~ *for* + *-ing*-Form
81; Präp.-Gebr. 126
plan, (Subst.) ~ *for* + *-ing*-Form 81;
(Subst.) + Inf. 75; (Verb) + Inf. 75
plane, Gebrauch v. *the* 23
Platznamen ohne *the* 20
play, Präp.-Gebr. 126; zwei Objekte 88f.
pleasant, Steigerung 30
pleased, ~ *at* + *-ing*-Form 81; *be* ~ = *sich
freuen* 47; + Inf. 75; Präp.-Gebr. 126
pleasure, + Inf. 75; ~ *in/of* + *-ing*-Form
81; + *-ing*-Form 82
plenty of anstelle v. *much* 147
Plural, ~ substantivierter Nationalitätsadjektive 34; ~ u. Sg. m. gleicher Form 11
Pluralbildung, b. Wörtern auf *-o* 10; b. Wörtern auf *-y* 10; b. Wörtern auf Zischlaut 10;
m. *-es* 10; m. *-s* 9f.; unregelmäßig 9ff.
Pluralform d. Substantivs 9ff.
Pluraliatantum 12
Pluralkonstruktion nach *people* u. *police* 12
Plusquamperfekt 58; in Nebensätzen m. *if,
unless* usw. 64, 66f.; indirekte Rede u.
Frage 68f.
p.m. 154
point, in Dezimalbrüchen 137; Präp.-Gebr.
126; *there's no* ~ *in* + *-ing*-Form 81
point out, zwei Objekte 88f.
police m. Pluralverb 12
policeman, Plural 11
polite, Steigerung 30
politics entspr. dt. Singular 12
pools, Präp.-Gebr. 126
Portuguese 34f.
position + Inf. 75

possess nicht in d. Verlaufsform 60
possessive adjectives, s. Possessivpronomen
possessive pronouns, s. Possessivpronomen
Possessivpronomen 44f.; als Sinnsubj. d.
-*ing*-Konstr. 45, 84; *he broke his arm* 151
possibility of + -*ing*-Form 81
possible, Ersatz für *can* 98; + Inf. 75
postman, Plural 11
postpone + -*ing*-Form 82
potato, Plural 10
pound (sterling) 138f.
practice, Präp.-Gebr. 126
practise + -*ing*-Form 82
prädikative Ergänzung, z. Obj. 90f.;
z. Subjekt 91
prädikativer Gebrauch d. Adjektivs 27
Prädikativum, Inf. als ~ 73; -*ing*-Form als
~ 80
Prädikatsnomen, s. Prädikativum
Präpositionen 116ff.; Groß- u. Kleinschreibung in Buchtiteln usw. 140; + -*ing*-Form
80f.; + Personalpronomen statt -*self*-
Pronomen 47; Stellung in Passivsätzen 73;
Stellung in Relativsätzen 51f.; Stellung in
Verbindung m. Interrogativpronomen 48f.
Präsens, Gebrauch 53f.; für zukünftige
Handlungen 54, 61, 63f.; in Nebensätzen
m. *unless*, *when* usw. 54, 61, 64f.;
indirekte Rede u. Frage 70; nach *hope* 54,
63f.; -*s*-Form d. Verbs 53; ~ Verlaufsform, s. Verlaufsform
Präsenspartizip, s. -*ing*-Form
Präteritum 54ff.; -*ed*-Form 54f.; Gebrauch
55f.; in Nebensätzen m. *if*, *unless* usw.
64ff.; indirekte Rede u. Frage 68f.; m. *this
morning/afternoon* usw. 56; m. *today*, *this
week* usw. 56; nach *it's time* 56; nach *wish*
54, 56; statt Plusquamperfekt 58, 69;
~ Verlaufsform, s. Verlaufsform
precise, Steigerung 30
predicate, s. Prädikat
predicate noun, s. Prädikativum
prefer + -*ing*-Form od. Inf. 83; nicht in d.
Verlaufsform 60; + Obj. + Inf. 76
preferable to + -*ing*-Form 81
preference for + -*ing*-Form 81
preoccupied with + -*ing*-Form 81
prepare (oneself) 46
prepositional verbs, Passiv 73
prepositions, s. Präpositionen
present, Präp.-Gebr. 126; zwei Objekte 88
present participle, s. -*ing*-Form
present perfect, s. Perfekt
present tense, s. Präsens
press, Numerus 13; Präp.-Gebr. 126

pressed, Präp.-Gebr. 126
pretend + Inf. 75
pretty, Adj. u. Adv. 40
prevail, Präp.-Gebr. 126
prevent + -*ing*-Form 82
pride, ~ *oneself on sth.* 46; Präp.-Gebr. 126
principle, Präp.-Gebr. 126
prison, Gebrauch v. *the* 22
privilege of + -*ing*-Form 81
probably, Stellung 42
proclaim + Obj. + präd. Erg. 90f.
profession, Präp.-Gebr. 126
proficient at + -*ing*-Form 81
profit by + -*ing*-Form 80
profound, Steigerung 30
progress nur im Singular 11
progressive form, s. Verlaufsform
promise, + Inf. 75; + Obj. + Inf. 76;
Passiv 72; zwei Objekte 88
Pronomen, 43ff.
pronominales Objekt, Stellung 88, 90
pronominales Subjekt, Stellung 111f.
pronounce + Obj. + präd. Erg. 90f.
pronouns, s. Pronomen
proof, Plural 9
prop word, s. *one(s)*
proper names, s. Namen
propose, + -*ing*-Form od. Inf. 83; zwei
Objekte 88f.
protect, Präp.-Gebr. 126
proud, ~ *of* + -*ing*-Form 81; Präp.-Gebr. 126
prove, + Inf. 75; + Obj. + Inf. 76;
zwei Objekte 88f.
provide for + Inf. 77
provided, Konj. 114; ~ *(that)* 65
providing, Konj. 114
public, Numerus 13; ~ – *publicly* 38
pull oneself together 46
purpose, Präp.-Gebr. 126
put off + -*ing*-Form 82

quarrel = *sich streiten* 47
quarter 136; *(a)* ~ *to/past* 26; Münze 138;
Uhrzeit 153f.
question, Präp.-Gebr. 126
question tags, s. Frageanhängsel
questions, s. Fragebildung, -form, -sätze
quick – *quickly* 41
quiet, Steigerung 30
quite 138; ~ *a(n)* 26; ~ *the* 23
quote, zwei Objekte 88

radio, m. *the* 22; Plural 10; Präp.-Gebr. 127
rarely am Satzanfang u. im Satzinneren 112
rate, Präp.-Gebr. 127

rather a(n) 26
reach, zwei Objekte 89
react, Präp.-Gebr. 127
read, zwei Objekte 87f.
ready – readily 40
reason, ~ for + -ing-Form 81; + Inf. 75
recall + -ing-Form 82
recently m. Perfekt od. Präteritum 57
recite, zwei Objekte 88f.
recollect + -ing-Form 82
recommend, + -ing-Form 82; zwei Objekte 88
recover = sich erholen 47
refer, Präp.-Gebr. 127
reference, Präp.-Gebr. 127
reflexive Verben 46
Reflexivpronomen, s. -self-Pronomen
refrain, ~ from + -ing-Form 80; Präp.-Gebr. 127
refresh oneself 46
refuse, + Inf. 75; = sich weigern 47; zwei Objekte 89
regard, + -ing-Form 82; + Obj. + as + präd. Erg. 91; Präp.-Gebr. 127
regret, + -ing-Form od. Inf.? 83; Präp.-Gebr. 127
relative clauses, s. Relativsätze
relative pronouns, s. Relativsätze
Relativkonstruktionen, vergleichende Übersicht 52
Relativpronomen, s. Relativsätze
relativsatzähnliche Funktion, d. Infinitivs 74; d. -ing-Form 85; d. Partizip Perfekts 87
Relativsätze 50ff.; ohne Relativpronomen (Kontaktkonstruktion) 52; Stellung d. Präpositionen 51f.
relaxation, Präp.-Gebr. 127
release, Präp.-Gebr. 127
relevant, Präp.-Gebr. 127
rely on, + -ing-Form 80; = sich verlassen auf 47
remain 135; + -ing-Form 82; nicht in d. Verlaufsform 60
remember, + -ing-Form od. Inf.? 83; Präp.-Gebr. 127; = sich erinnern 47
remind, + Obj. + Inf. 76; Präp.-Gebr. 127
rent, zwei Objekte 88
repeat, zwei Objekte 88f.
repent, Präp.-Gebr. 127
replace, Präp.-Gebr. 127
reply, Präp.-Gebr. 127
report, + -ing-Form 82; Passiv d. Obj.-Inf.-Konstr. 76; zwei Objekte 88f.
reported questions, s. indirekte Frage
reported speech, s. indirekte Rede
reputation for/of + -ing-Form 81

request, + Obj. + Inf. 76; Präp.-Gebr. 127
require + -ing-Form 82
resent + -ing-Form 82
reserve, zwei Objekte 89
resign, Präp.-Gebr. 127
resist + -ing-Form 82
responsibility + Inf. 75
restrain oneself 46
restrictive relative clauses, s. notwendige Relativsätze
resume + -ing-Form 82
return, zwei Objekte 88f.
reveal, zwei Objekte 88f.
revenge oneself 46
rich, Präp.-Gebr. 127
riches entspricht dt. Singular 12
right, Adj. u. Adv. 39f.; ~ in + -ing-Form 81; + Inf. 75; ~ – rightly 41
ripe for + -ing-Form 81
risk, + -ing-Form 82; Präp.-Gebr. 127
road, Gebrauch v. the 20
rob, Präp.-Gebr. 127
romanische Steigerung, s. Steigerung m. more/most
roof, Plural 9
round, Adj. u. Adv. 40
rub oneself down 46
rückbezügliche Fürwörter, s. -self-Pronomen
"rückbezüglicher" Gebrauch d. -self-Pronomen 46f.
rule, Präp.-Gebr. 127
run, Präp.-Gebr. 127
Russian(s) 34f.

-s-Endung, Aussprache 9f., 53
-'s-Endung, s. Genitiv
-s'-Endung, s. Genitiv
-s-Form d. Verbs 53
-s-Plural 9f.; b. substantivierten Nationalitätsadjektiven auf -an 34
Sachobjekt, s. direktes Objekt
"sächsischer" Genitiv, s. Genitiv
safe, Plural 9; ~ – safely 41
said, be ~ to 151
sail, Präp.-Gebr. 127
sake, Präp.-Gebr. 127
sale, Präp.-Gebr. 127
salesman, Plural 11
salutation, s. Brief
satisfaction in + -ing-Form 81
Satzaussage, s. Prädikat
Satzergänzung, s. Objekt u. Ergänzungen d. Verbs
Satzgegenstand, s. Subjekt
Satzgliedstellung 110ff.; s. auch Stellung

save, Präp.-Gebr. 128; zwei Objekte 89
say, Passiv 72; -s-Form 53; zwei Objekte 88f.
scarcely am Satzanfang 112
schedule, Präp.-Gebr. 128
Schlußformel, s. Brief
"schon", wohnst du hier schon lange?
   usw. 57
school, Gebrauch v. the 22
scream, Präp.-Gebr. 128
seat oneself 46
second, Ordnungszahl 149
see, ~ about + -ing-Form 80; + Obj. +
   Inf. 76; + Obj. + -ing-Form 84
seek + Inf. 75
seem, + Inf. 75; nicht in d. Verlaufsform 60
"sehr" 150
"seit" 58
"selbst" 48
seldom am Satzanfang u. im Satzinneren 112
self, Plural 9
-self-Pronomen 46ff., 151
sell, zwei Objekte 88
send, ~ for + Obj. + Inf. 77; + Obj. +
   Inf. 76; Präp.-Gebr. 128; zwei Objekte 88
sensitive, Präp.-Gebr. 128
separate = sich trennen 47
serious about + -ing-Form 81
serve, Präp.-Gebr. 128; zwei Objekte 88
set, + Obj. + -ing-Form 84; Präp.-Gebr.128
set up, Passiv 73
sew, zwei Objekte 89
shall 102; + be + -ing-Form (Zukunft) 63;
   ~ I? = soll ich? 61, 151; in Bedingungssätzen 65; + Inf. (Zukunft) 61; ~ od.
   will? 61; ~ we? 61, 102, 109, 155
sharp, Adj. u. Adv. 40
shave = sich rasieren 47
she, s. Personalpronomen
sheep, Plural 11
shelf, Plural 9
ship, Genus 15; zwei Objekte 88
short, Adj. u. Adv. 39; Präp.-Gebr. 128;
   ~ – shortly 40
short answers, s. Kurzantworten
short forms, s. Kurzformen
shortly – short 40
shorts entspr. dt. Singular 12
should 103, 137, 147, 151; in Bedingungssätzen 65ff.; in if-Sätzen 65f.; indirekte
   Rede u. Frage 69; ~ od. would? 66
shout for + Obj. + Inf. 77
show, Passiv 72; zwei Objekte 88
shy, Präp.-Gebr. 128; ~ – shyly 38;
   Steigerung 28
"sich" 46f., 151

sick, attribut. Adj. 27; ~ of + -ing-Form 81
sight, Präp.-Gebr. 128
simple, Steigerung 30
simple form (of verb), s. einfache Form
since, Konj. 114; = seit 58
sincere, Steigerung 30
sing, zwei Objekte 88
Singulariatantum 11
Singularkonstruktion nach Geldbeträgen,
   Zeit-, Maß- u. Gewichtsangaben 13; nach
   -s-Substantiven 13
sir, Groß- u. Kleinschreibung 140
sit, + -ing-Form 82; Präp.-Gebr. 128
sit down = sich setzen 47
sky, Präp.-Gebr. 128
sleep, ~ in, Passiv 73; Präp.-Gebr. 128
slip, zwei Objekte 88
slow, ~ in + -ing-Form 81; ~ – slowly 41
smell, m. Adj. od. Adv. 41; Präp.-Gebr. 128
smile, Präp.-Gebr. 128
so, = es 44; in Kurzantworten 97, 108, 112,
   134; Konj. 114; ~ z. B. kind as to 75; ~ z. B.
   large as 32
so long as, Konj. 114
so that, Konj. 114
socialism ohne the 21
solid, Steigerung 30
"sollen" 94, 102f., 151
solution, Präp.-Gebr. 128
some 151f.
someone 152
something 152
sort, what ~ of people? 49
sound – soundly 41
speak, Präp.-Gebr. 128; ~ to, Passiv, 73; zwei
   Objekte 88f.
specialize, ~ in + -ing-Form 80; ~ in = sich
   spezialisieren auf 47; Präp.-Gebr. 128
speed, Präp.-Gebr. 128
spend, Präp.-Gebr. 128
Spezialverben 91ff.; s. auch Hilfsverben
Sprachbezeichnungen 35
Sprachgebrauchsprobleme 134ff.
spread = sich ausbreiten 47
Sprechpausen b. Relativsätzen 50
staff, Numerus 13
stairs entspr. dt. Singular 12
stake, Präp.-Gebr. 128
stand, can't/couldn't ~ + -ing-Form 82
start, + -ing-Form od. Inf. 83; + Obj. +
   -ing-Form 84
statements, s. Aussagesätze
stay 135
Steigerung 28ff.; m. -er/-est 28f.; m. more/
   most 28ff.; unregelmäßig 28, 30f.

Steigerungsformen mit u. ohne *one(s)* 35
Steigerungskonstruktionen 32
Stellung, d. Adjektivs 27; d. Adverbs 42; d.
direkten Objekts 87ff.; d. direkten u. indirekten Objekts im Passivsatz 72; d. indirekten
Objekts 87ff.; d. *-ing*-Konstruktion 85; d.
Objekts b. festen Verb-Adv.-Verbindungen
90; d. Partikeln im Passivsatz 73; d. Partizip-
Perfekt-Konstr. 87; d. Präpositionen in
Relativsätzen 51f.; d. Präpositionen in Verbindung m. Interrogativpronomen 48f.; d.
Satzglieder 110ff; ~ pronominaler Objekte
88, 90; v. *a(n)* 26; v. *by* in passiven Fragesätzen 71; v. *the* 23
step of + *-ing*-Form 81
stick = *bleiben* 135
still, Adj. u. Adv. 40; Konj. 114
stomach, Präp.-Gebr. 128
stomachache mit u. ohne *a(n)* 26
stop, + Inf. 78; + *-ing*-Form od. Inf.? 83
straight, Adj. u. Adv. 39
Straßennamen, Gebrauch v. *the* 20
street, Gebrauch v. *the* 20; Präp.-Gebr. 128
strike, Präp.-Gebr. 128
stupid, + Inf. 75; Steigerung 30
Stützwort, s. *one(s)*
subject, Präp.-Gebr. 128
subject complement, s. Prädikativum
Subjekt, d. Infinitivs m. *for* 77; Inf. als ~ 73;
-ing-Form als ~ 80; *-ing*-Form m. eigenem
Sinnsubjekt 45, 84; präd. Erg. z. ~ 91; Stellung 110ff.
Subjektfragen ohne *do* 95
Subjektsform, d. Interrogativpronomen 48;
d. Personalpronomen 43
subordinate clauses, s. Nebensätze
Substantiv 9ff.; in adjektivischer Funktion
32; + Inf. 74f.; + Präp. + *-ing*-Form 81
Substantivierung, d. Adjektivs 33ff.; v.
Nationalitätsadjektiven 34f.
substantivische Possessivpronomen, s.
Possessivpronomen
substantivisches Subjekt, Stellung 111f.
succeed, ~ *in* + *-ing*-Form 80; Passiv 72;
Präp.-Gebr. 128
such a(n) 26
suffer, Präp.-Gebr. 128
suggest, + *-ing*-Form 82; zwei Objekte 88f.
suit, Präp.-Gebr. 128
suitable for + *-ing*-Form 81
sums of money, s. Geldbeträge
sunrise ohne *the* 21
sunset ohne *the* 21
superior, Präp.-Gebr. 128
Superlativ, s. Steigerung

supper, Gebrauch v. *the* 22
support oneself 46
suppose 65ff.; *I* ~ *so* 44; Passiv d. Obj.-Inf.-
Konstr. 76
supposed, be ~ *to* 151
supposing 65ff.; Konj. 115
sure, + Inf. 75; *make* ~ = *sich vergewissern*
47; Präp.-Gebr. 128
surprise, ~ *at* + *-ing*-Form 81; Präp.-Gebr.
129
surprised, be ~ = *sich wundern* 47; Präp.-
Gebr. 129
surrender, zwei Objekte 88f.
surrounded, Präp.-Gebr. 129
suspect, Präp.-Gebr. 129
suspicion, Präp.-Gebr. 129
suspicious, Präp.-Gebr. 129
swarm, Präp.-Gebr. 129
swindle, Präp.-Gebr. 129
Swiss 34

tag questions, s. Frageanhängsel
Tageszeiten, Gebrauch v. *the* 21
tail questions, s. Frageanhängsel
take, = *bringen* 136; *it took him/he took two
hours* 135; Präp.-Gebr. 129; zwei Objekte 88f.
take up + *-ing*-Form 82
talent for + *-ing*-Form 81
talk, ~ *about/of* + *-ing*-Form 80; Präp.-
Gebr. 129
Tänze, *dance the fox trot* usw. 23
tap, Präp.-Gebr. 129
taste, ~ *for* + *-ing*-Form 81; m. Adj. od. Adv.
41; ohne *a(n)* 25; Präp.-Gebr. 129
Tätigkeitswort, s. Verb
taxi, Gebrauch v. *the* 23
tea, Gebrauch v. *the* 22
teach, + Obj. + Inf. 76; Passiv 72; zwei Objekte 88
team, Präp.-Gebr. 129
Telefonnummern 153; ohne Komma 141
telephone, Gebrauch v. *the* 22; Präp.-Gebr.
129; zwei Objekte 88
telephone numbers, s. Telefonnummern
television, Gebrauch v. *the* 22; Präp.-Gebr. 129
tell, indirekte Aufforderung 70; + Obj. +
Inf. 76; Passiv 72; zwei Objekte 88
telly, Gebrauch v. *the* 22
temptation + Inf. 75
tend + Inf. 75
tendency towards + *-ing*-Form 81
terms, Präp.-Gebr. 129
-th-Endung, Ordnungszahlen 149
than 32; + Hilfsverb 107f.; Konj. 115; *taller
~ me* usw. 43

thanks entspr. dt. Singular 12
that, = *daß* in indirekter Rede 68; Konj. 115;
~ *one* 36; Relativpronomen 52; ~/*those* 153
the 18 ff.; Aussprache 18; b. Allgemeinbegriffen 18 f.; b. *church, hospital, prison, jail* 22;
b. Gebäudenamen 19; b. Jahreszeiten, Wochentagen, Monaten, Festen, Jahreszeiten
21 f.; b. Mahlzeiten 22; b. Musikinstrumenten, Gesellschaftstänzen 23; b. Personennamen 19; b. Radio, Fernsehen, Telefon 22;
b. *school, college* usw. 22; b. Straßennamen
20; b. Transportmitteln 23; Gebrauch u.
Nichtgebrauch 18 ff.; *he kissed her on* ~
cheek 45; idiom. Gebrauch u. Nichtgebrauch
23; in Buchtiteln usw. klein geschrieben 140;
nicht b. Namen v. Bahnhöfen u. Flughäfen
19; nicht b. Namen v. Plätzen, Brücken,
Parks 20; ~ *one(s)* 36; Stellung 23; + substantiviertes Adj. 33; ~ ... ~ = *je* ...
desto 23, 32
the two 135
their, s. Possessivpronomen
theirs, s. Possessivpronomen
them, s. Personalpronomen
themselves, s. *-self*-Pronomen
then came ... 111 f.
there, ~ *are/is* = *es gibt* usw. 44, 138; ~ *goes
my bus* 54, 111 f.; ~ *is/was no* + *-ing*-Form
82; m. aktivem od. passivem Inf. 79; *there's a
gentleman to see you* 74
they, s. Personalpronomen
thick – *thickly* 41
thief, Plural 9
thing als Stützwort 33
think, ~ *about/of* + *-ing*-Form 80; *I don't* ~
so 44; ~ *of*, Passiv 73; Passiv d. Obj.-Inf.-Konstr. 76; Präp.-Gebr. 129
third 136, 149
thirst, Präp.-Gebr. 129
this, ~ *morning/afternoon* usw. (Perfekt od.
Präteritum?) 56; ~ *one* 36; ~ *summer/winter*
usw. (Perfekt od. Präteritum?) 56; ~/*these*
153; ~ *week/month/year* usw. (Perfekt od.
Präteritum?) 56
though, Konj. 115; + Partizip Perfekt 87
thousand, Sg. u. Pl. 12
Tiere, Genus 15
tight, Adj. u. Adv. 39; ~ – *tightly* 41
till, Konj. 115; + Präsens 61; Uhrzeit 154
time + Inf. 75; + *-ing*-Form 82; *it's* ~ *we
went* 56; Präp.-Gebr. 129
times, three ~ usw. 155
tired, ~ *of* + *-ing*-Form 81; Präp.-Gebr. 129
to, = *in order* ~ 78; + indirektes Obj. 87 f.;
~ *tell the truth* usw. 78; ~ *the doctor's* usw.

17; Uhrzeit 154; vor d. indirekten Obj. im
Passivsatz 72
to-Infinitiv, s. Infinitiv
today, Perfekt od. Präteritum? 56
tolerant, Präp.-Gebr. 129
tomato, Plural 10
too, = *auch* 134; (= *zu*) + Adj. + aktiver od.
passiver Inf. 79
tooth, Plural 11
toothache mit u. ohne *a(n)* 26
train, Gebrauch v. *the* 23; Präp.-Gebr. 130
transit, Präp.-Gebr. 130
tremble, Präp.-Gebr. 130
trial, Präp.-Gebr. 130
trouble, ~ *in* + *-ing*-Form 81; +*-ing*-Form 82
trousers entspr. dt. Singular 12
true – *truly* 38
trumpet, play the ~ 23
trust, + Obj. + Inf. 76; Passiv 72; Präp.-Gebr. 130
try, + *-ing*-Form od. Inf.? 83; Präp.-Gebr. 130
turn, Präp.-Gebr. 130
turn round = *sich umdrehen* 47
TV, Gebrauch v. *the* 22
twice 155; ~ *the* 23
two, the ~ = *die beiden* 135
type, zwei Objekte 89
typical, Präp.-Gebr. 130

Überschriften, Großschreibung 140
Uhrzeit 153 f.
Umstandsbestimmung, s. adverbiale Bestimmung
Umstandswort, s. Adverb
unable, Ersatz für *can* 98; nie attributiv 27
unbestimmte Fürwörter, s. "indefinite Pronomen"
unbestimmte Zahlwörter, s. "indefinite Pronomen"
unbestimmter Artikel, s. *a(n)*
uncountable nouns, s. unzählbare Substantive
understand + Obj. + Inf. 76
undress = *sich ausziehen* 47
unfaithful, Präp.-Gebr. 130
unite = *sich vereinigen* 47
United Nations m. Singularverb 13
United States m. Singularverb 13
university, Gebrauch v. *the* 22
unless 65 ff.; Konj. 115; + Präsens 54
unregelmäßige Plurale 9 ff.
unregelmäßige Steigerung 28, 30 f.
unregelmäßige Verben 131 ff.; Partizip
Perfekt 86; Präteritum 55
until, Konj. 115; *not* ... ~ 137; + Partizip
Perfekt 87; + Präsens 61

unzählbare Substantive 11, 25
upper, attributives Adj. 27
urge, + Inf. 75; + Obj. + Inf. 76
U.S.-Englisch, s. amerikanisches Englisch
us, s. Personalpronomen
use, it's no ~ + *-ing*-Form 82; Präp.-Gebr. 130
used to 107; *get* ~ *sth.* = *sich an etwas gewöhnen* 47; + *-ing*-Form 81
useful for + *-ing*-Form 81
useless + *-ing*-Form 82
usually, Stellung 42

Verb 53 ff.; + Inf. 75, 83; + *-ing*-Form 82 f.; + *-ing*-Form od. Inf. 83; + Obj. + Inf. 76 f.; + Obj. + *-ing*-Form 84; + Präp. + *-ing*-Form 80; Stellung 110 ff.; ~ u. seine Ergänzungen 87 ff.; Verben m. zwei Objekten 87 ff.
Verb-Adverb-Verbindungen, Passiv 73; Stellung d. Objekts 90
Verb-Partikel-Verbindungen, Passiv 73
Verdopplung d. Endbuchstabens 29, 55, 79
Verdopplung v. End-*l* 55, 79
Vergangenheit, s. Präteritum
Vergleichskonstruktionen 32
Verhältniswort, s. Präposition
Verlaufsform 58 ff., 84; m. *always, for ever, continually* usw. 59 f.; Verben, die nicht in d. ~ stehen 60; z. Ausdruck d. Zukunft 62 f.
verneinte Frageform m. *do* 96
verneinte Fragesätze, Satzgliedstellung 111
verneinte Sätze, Satzgliedstellung 111
verneinter Imperativ 95 f.; v. *be* 94
Verneinung, b. *have* 92 f.; b. *need* 106 f.; b. *used to* 107; mit u. ohne *do* 95 f.; v. *let's* 96; v. *must* 102
"verstärkender" Gebrauch d. *-self*-Pronomen 46, 48
Verstärkung durch *do* 96 f.; b. *be* 94
very, Adj. u. Adv. 40; attribut. Adj. 27; ~ *(much)* = *sehr* 150
"viel(e)" 147
"vielleicht" 99 f.
Vietnamese 34
view, Präp.-Gebr. 130; *with a* ~ *to* + *-ing*-Form 81
violin, play the ~ 23
visit, Präp.-Gebr. 130
voice, Präp.-Gebr. 130
vollendete Gegenwart, s. Perfekt
vollendete Vergangenheit, s. Plusquamperfekt
Vorvergangenheit, s. Plusquamperfekt
vote, ~ *against* + *-ing*-Form 80; + Obj. + präd. Erg. 90 f.
vulgar fractions, s. gemeine Brüche

Währungseinheiten 138
wait, ~ *for* + Obj. + Inf. 77; Präp.-Gebr. 130
walk, Präp.-Gebr. 130
walk out on, Passiv 73
wall, Präp.-Gebr. 130
want 104 f.; + *-ing*-Form od. Inf.? 83; + Obj. + Inf. 76; + Obj. + Partizip Perfekt 86 f.; = *wollen* 155
war, Präp.-Gebr. 130
"wäre" 65 ff.
warn, ~ *against* + *-ing*-Form 80; + Obj. + Inf. 76; Präp.-Gebr. 130
was/were in *if*-Sätzen 65 f.
wash = *sich waschen* 47
waste, Präp.-Gebr. 130
watch, + Obj. + Inf. 76; + Obj. + *-ing*-Form 84
way, in a most lively ~ 39; + Inf. 75; ~ *of* + *-ing*-Form 81
we, s. Personalpronomen
weak, Präp.-Gebr. 130
weary of + *-ing*-Form 81
weather ohne *a(n)* 25
week, Gebrauch v. *the* 21
weekly, Adj. u. Adv. 39; attribut. Adj. 27
welcome, Ersatz für *can* 98; + *-ing*-Form 82; Präp.-Gebr. 130
well, Adv. z. *good* 38; Steigerung 30
Welsh 34 f.; ~*man* 34; ~*woman* 34
"werden" 154 f.
were/was in *if*-Sätzen 65 f.
Wesfall, s. Genitiv
wet, Präp.-Gebr. 130
what, ~ *a nice girl!* 26, 49; ~ *colour?* 26; + Inf. 74; Interrogativpronomen 49; ~ *kind/ sort of* 49; ~ ... *like?* 49; ~ *luck!* 25
when, Fragewort 55, 63 f.; + Inf. 74; + *-ing*-Form 85 f.; Konj. 115; + Präsens 54, 61
whenever, Konj. 115
where, Fragewort 55; + Inf. 74; Konj. 115
whereas, Konj. 115
wherever, Konj. 115
whether, indirekte Frage 69; + Inf. 74; Konj. 115
which, + Inf. 74; Interrogativpronomen 49; Relativpronomen 51 f.
while, + *-ing*-Form 85 f.; Konj. 115
who, Interrogativpronomen 48; Relativpronomen 50 ff.
whole 138; Präp.-Gebr. 130; ~ – *wholly* 38
whom, Interrogativpronomen 48; Relativpronomen 51 f.
whose, Interrogativpronomen 49; Relativpronomen 51
wide, Adj. u. Adv. 39; ~ – *widely* 40

width, Plural 10
Wiederholungszahlen 155
wife, Plural 9
will (Spezialverb) 104f.; + be + -ing-Form
  (Zukunft) 63; in Bedingungssätzen 64f.; in
  if-Sätzen 65; + Inf. z. Ausdruck d. Zukunft
  61; ~ od. shall? 61; ~ you? 105, 109
will (Subst.), + Inf. 75; Präp.-Gebr. 130
willingness + Inf. 75
win, zwei Objekte 89
wireless m. the 22
wish (Subst.) + Inf. 75
wish (Verb), I ~ you were here usw. 54, 56; +
  Inf. 75; + Obj. +Inf. 76
Wochentage 155; Gebrauch v. the 21; groß
  geschrieben 140
"wollen" 104f., 155
woman, als Stützwort 33; Plural 11
won't you? 105, 109
word order, s. Stellung
work, Präp.-Gebr. 130
world, Präp.-Gebr. 130
worry about + -ing-Form 80
worse – worst 30
worth + -ing-Form 82
wörtliche Rede, s. direkte Rede
Wortstellung, s. Stellung
would 105f.; ~ have + Partizip Perfekt 64,
  66f.; in Bedingungssätzen 64ff.; in if-Sätzen
  66; indirekte Rede u. Frage 68f.; ~ od.
  should? 66; ~ you? 106, 109
write, zwei Objekte 88
wrong, Präp.-Gebr. 130; ~ – wrongly 41
Wunschsätze 134

-y-Substantive, Plural 10
year, Gebrauch v. the 21
yellow, Steigerung 30
yet, Konj. 115
you, s. Personalpronomen
your, s. Possessivpronomen
yours, s. Possessivpronomen
yourself, s. -self-Pronomen
yourselves, s. -self-Pronomen
youth, Plural 10

Zahl(form) d. Substantivs, s. Numerus
Zahlen, Gebrauch v. a 24; s. auch Bruch-
  zahlen, Grundzahlen, Jahreszahlen, "Null",
  Ordnungszahlen, Telefonnummern, Wieder-
  holungszahlen
Zeitangaben, Genitiv 17; m. Singularverb 13
Zeitbestimmung, Stellung 110f.
Zeitbestimmungen d. Vergangenheit 55ff.
Zeitbestimmungen d. Zukunft 54, 63f.
Zeitverschiebung, indirekte Rede u. Frage 68f.
Zeitwort, s. Verb
zero 137, 148
zero relative, s. Kontaktkonstruktion
Zischlaute, Genitivendung 16; Pluralbildung
  10
Zukunft 60ff.; ausgedrückt durch einfaches
  Präsens 54, 61, 63f.; ausgedrückt durch going
  to 62; ausgedrückt durch Verlaufsform 62f.;
  ausgedrückt durch will/shall + be + -ing-
  Form 63; ausgedrückt durch will/shall + Inf.
  61; Möglichkeiten z. Ausdruck zukünftiger
  Handlungen 60; nicht in if-Sätzen 65
Zweck ausgedrückt durch Inf. 78